KB041497

예술의 이유

이 책은 Michel Onfray의 *Les raisons de l'art* (Editions Albin Michel – Paris, 2021)를 완역한 것이다.

예술의 이유

미셸 옹프레 지음
변광배 옮김

펴낸이 | 이숙
펴낸곳 | 도서출판 서광사
출판등록일 | 1977. 6. 30.
출판등록번호 | 제 406-2006-000010호

(10881) 경기도 파주시 회동길 77-12 (문발동)
대표전화 (031) 955-4331 팩시밀리 (031) 955-4336
E-mail : phil6161@chol.com
http ://www.seokwangsa.co.kr | http ://www.seokwangsa.kr

Original Title : **Les raisons de l'art**
Author : **Michel Onfray** © Editions Albin Michel – Paris 2021
Korean language translation © 2023 by Seokwangsa Publishing Company

This Korean language edition is published by arrangement
with Editions Albin Michel

이 책의 한국어판 저작권은 프랑스 Editions Albin Michel과의
독점저작권 계약에 의해 도서출판 서광사에 있습니다.
한국 내에서 보호를 받는 저작물이므로 무단 전재 또는 무단 복제를 금합니다.

ⓒ 도서출판 서광사, 2023

제1판 제1쇄 펴낸날 ― 2023년 7월 20일

ISBN 978-89-306-6220-8 03160

예술의 이유

미셸 옹프레 지음
변광배 옮김

서광사

"현대 예술은
모든 예술 작품
―그것이 어떤 것이든,
또 어떤 세기에 속하든―
에 입문하는 것과
같은 방식으로
입문해야 하는
하나의 언어이다."

차례

예술의 이유

서론

현대 예술에 대해 어떤 생각을 하느냐는 질문을 받은 사람 누구도, 설사 그가 이 분야에 완전히 무지해도 답을 하는 것이 금지되지 않는다. 현대 예술에 대해 아무것도 읽지 않았고, 아무것도 보지 않았고, 아무것도 생각하지 않았고, 아무것도 성찰하지 않았고, 아무것도 사색하지 않았다고 해도, 유감스럽지만, 어떤 견해를 갖는 것이 금지되지 않는다! 어떤 이름은 파블로프[1]의 개를 부르는 호루라기 소리처럼 기능한다. "피카소", "뒤샹", "불레즈"[2]와 같은 이름은 상황에 따라 칭찬이나 욕설을 부른다. 현대 음악 연주회, 갤러리, 현대 미술관에 한 번도 가보지 않은 사람도 자신의 견해를 표명하는 것이 금지되지 않는다.

하지만 한 번도 맛보지 못한 요리, 한 번도 읽지 않은 책, 한 번도 본 적이 없는 그림, 한 번도 감상한 적이 없는 영화를 좋아하지 않는다고 말하는 사람에 대해 어떤 생각을 할 수 있을까? 그를 사기꾼이라고 생각할 수 있을 것이다... 우리는 현대 예술 분야에서 사기의 시대에 살고 있다. 하지만 그뿐만이 아니다.

현대 예술은 모든 예술 작품—그것이 어떤 것이든, 또 어떤 세기에 속하든—에 입문하는 것

왼쪽 페이지 마르셀 뒤샹, 〈모자걸이〉, 1950년경. **위** 파블로 피카소, 사진작가이자 화가인 앙리에트 테오도라 마르코비치의 초상화, 별칭 도라 마르(1907-1997), 화가의 연인이자 뮤즈, 1937.

과 같은 방식으로 입문해야 하는 하나의 언어이다. 루이 14세가 살았던 시대의 상징들을 모른다면, 이아생트 리고[3]가 그린 그의 초상화는 쉽게 이해되지 않는다. 제프 쿤스[4]가 했던 우리 시대의 LGBTQ＋ 투쟁에 대해 아무것도 모른다면, 그의 튤립 꽃다발 역시 쉽게 이해되지 않는다.[5]

모어(母語)인 중국어로 말하는 중국인 앞에서 누구도 "그건 의미가 없어요"라고 외치지 않는다. 그보다는 "나는 이해하지 못해요"라고 말한다. 배우면 이해할 수 있다. "그건 중국어인데요"라고 말하는 것이 그 내용을 이해하기가 불가능함을 증명하지 않는다. 중국어에 입문하면 해독할 수 있다.

현대 예술도 마찬가지다.

이 책에서 나는 예술의 첫 흔적(쇼베,[6] 40,000년)에서부터 제프 쿤스의 유명한 튤립 꽃다발(2019)까지, 달리 말해 선사시대부터 현재까지 예술의 길을 추적하고자 한다. 이는 예술이 죽어 버렸다고 생각하는 불행한 사람들과 투쟁하기 위함이다. 예술이 죽지 않았다면 '아름다움'[7]이 그들의 나라를 지배했을 것이다. 하지만 그렇지 않다. 그들에 의하면 모든 현대 예술은 의당 쓰레기가 되어야 한다.

예술사에서 '아름다움'이 관심의 대상이 된 것은 그리 오래전의 일이 아니었으며, 또한 곧 그런 대상이길 그쳤다. 바움가르텐[8]의 펜 아래에서 1750년에 '미학(esthétique)'이라는 단어가 나타난 때와 1826년 '사진'이라는 단어가 탄생한 몇십 년 사이에 그렇게 되었다. 그렇기 때문에 아름다움이길 그친 현대 예술을 고전 예술처럼 논하는 것은 적절하지 않다. 이런 작업은 어리석은 일로 판명될 것이다.

루이 14세가 살았던
시대의 상징들을 모른다면,
이아생트 리고가
그린
그의 초상화는 쉽게
이해되지 않는다.

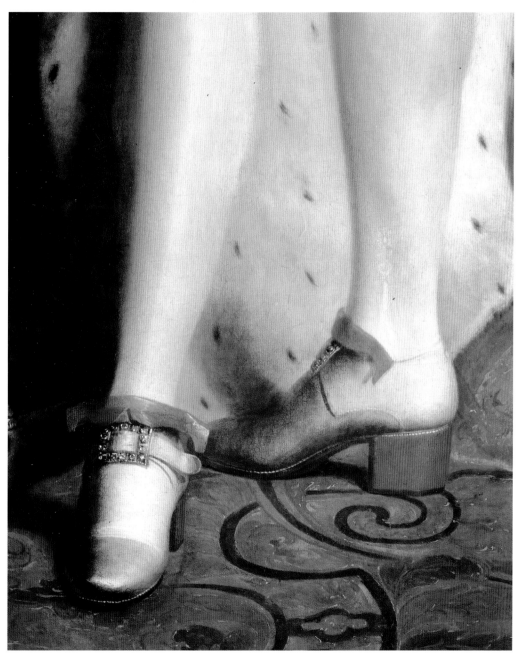

이아생트 리고(1659-1743), 〈왕실복을 입은 루이 14세의 전신 초상화(63세)〉〈세부〉, 1701, 베르사유, 베르사유 궁전과 트리아농 궁전 박물관 및 국유 재산.

1

생의 도약

선사시대 사람들은 아마도 그들이 아름다운 것들을 그렸고, 아름다움과 관계를 맺었다는 사실로 인해 예술가였다는 사실을 알았다면 놀랐을 것이다. 하지만 애석하게도 우리는 그들에 대해 모든 것을 알지 못한다. 왜냐하면 그들의 세계관, 우주론, 철학, 영성, 신학—세계처럼 오래된 것, 예컨대 신들에 대한 그들의 담론, 곧 신과 그들과의 관계를 지칭하기 위해 현대적 단어를 사용한다면—을 증언해 주는 그 어떤 것도 남아 있지 않기 때문이다.

마을 소년들이 1940년 9월 8일에 라스코 동굴[1]을 우연히 발견한 이후로, 이 동굴 벽화를 해석할 수 있는 그 당시의 해석틀이 없기 때문에, 보는 자들은 벽화나 벽에 새겨진 자국을 해석하기 위해 자신들의 강박관념, 심지어 그 자신들이 사는 시대의 강박관념을 투사하곤 했다. 그 과정에서 벌써 '미'가 아니라 '의미작용'과 '의미'가 중요하다는 것이 드러났다. 가령, 브뢰유 신부[2]는 그의 교육과 직업으로 인해 동굴 벽화와 새겨진 흔적들에서 종교의 싹과 성스러움의 증거를 제일 먼저 알아보았다. 이것들은 초월성이 우리와 시공간적으로 아주 멀리 떨어진 것처럼 보이지만 정신적으로 아주 가까이 있는 사람들의 관심사들 중 하나였다는 것을 보여 주는 증거들이다. 어떤 점에서 그들은 기독교의 도래를 열렬히 준비했던 아름다운 영혼들이었다!

개인적으로 섹스, 피, 죽음의 연관성에 사로잡힌 조르주 바타유[3]는 동굴 벽화에서 선사시대 사람들의 섹스, 피, 죽음...에 대한 강박관념의 증

위 1940년 발견 당시의 라스코 동굴 입구, 왼쪽에서 오른쪽으로: 교사 레옹 라발, 마르셀 라비다, 자크 마르살(1940년 9월 12일 동굴을 발견한 두 젊은이), 브뢰유 신부. 오른쪽 페이지 위 말의 머리, 동굴 벽화, 라스코 동굴(구석기 시대, 막달레니안 시대, BC 18,000-15,000). 오른쪽 페이지 아래 동굴 발견자들: 마르셀 라비다(오른쪽 아래 앉아 있음), 자크 마르살(아래 왼쪽에 앉아 있음), 조르주 아니엘, 시몽 코앙카, 앙리 브뢰유(오른쪽 세 번째).

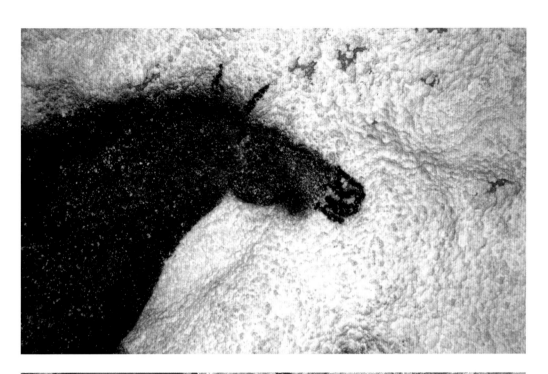

거를 본다. 바타유는 저주받은 몫, 성스러움, 위반, 웃음, 살인에 대해 그의 입장을 개진한다. 그렇게 함으로써 그는 선사시대 예술의 이해에 많은 것을 더하지는 않았지만 그만의 고유한 환상들을 드러내고 있다.

20세기의 70년대는 역사를 넘어, 또는 역사에도 불구하고, 아니면 역사에 맞서, 인간들의 관계를 그들 모르게 규제하는 보이지 않으면서도 아주 강한 신비한 '구조'가 있다는 것을 보여 주는 '구조주의'에 빠져 있었다.[4] 선사시대 역사가인 앙드레 르루아구랑[5]은 몇몇 기호들─여성 생식기와 남근, 점과 선, 말과 매머드─에서 세계가 구조적으로 조직되었다는 증거...를 찾아낸다. 어떤 점에서 우리는 라스코 동굴에서 이미 푸코의 주장을 읽어내고 있다![6]

자신의 생각을 마르크스주의나 프로이트의 거대 서사에 기입하고 있는 장 클로트[7]는 선사시대 예술을 샤머니즘적으로 해석한다. 아마도 환각을 일으키는 물질들을 이용해 화가들은 사냥하고자 하는 동물들의 혼과 마나[8]를 이 동물들의 특징과 색깔로 포착했을 것이다. 그들은 이미지 속에서 이미 살해된 이 동물들을 실제로 더 쉽게

우물의 방: 들소, 새, 새 머리와 네 손가락의 손, 발기된 성기를 가진 사람. 모든 구석기 예술에서 유일한 모습. 라스코 동굴, 몽티냑(도르도뉴).

사냥할 수 있다고 믿었을 것이다.

상탈 제주(Chantal Jèze)는 그녀 나름대로 다음과 같은 가설을 주장한다. 즉, 동굴에 있는 그림들은 별자리의 모습, 달리 말해 우주의 시간 속에서 인간이 자신의 위치를 파악할 수 있게 해 주는 하늘의 지도라는 것이다. 이 우주의 시간은 파종과 사냥감의 이동에 적합한 계절을 알려주면서 농업, 사냥, 낚시를 가능하게 해 준다.

우리가 살고 있는 허무주의 시대에 선사시대 예술에 대한 그 어떤 새로운 해석도 없다는 사실은 놀랍지 않다. 종교의 싹, 섹스와 죽음의 장면,

세계의 구조주의적 도식, 사냥꾼, 어부, 채집인, 농부의 지도 제작, 샤먼적 주술, 이 모든 해석은 사실이다. 아니, 그럴듯해 보인다. 이것은 그 어떤 해석도 정말로 그럴듯해 보이지 않는다는 것을 의미하기도 한다. 어쨌든 분석가들에 의하면 선사시대 예술은 '미'와 아무런 관계도 없는 것으로 여겨진다. 이 예술이 아름답다면, 그것은 화가들이나 뼈 조각가들이 '미'를 원했기 때문이 아니라, 그보다는 오히려 우리로서는 알 수 없는 어떤 '의미'를 원했기 때문이다. 그들은 실제로 이 의미를 성스러운 흔적으로 남겼는데, 우리는

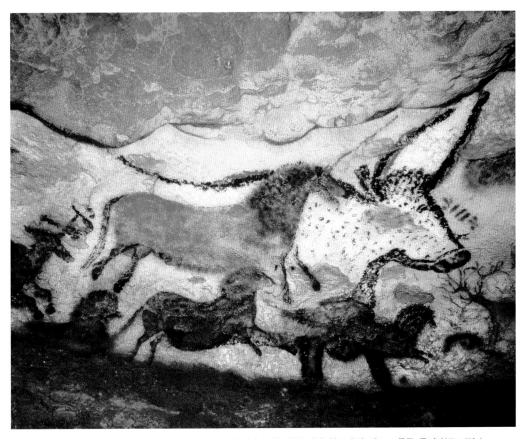

북쪽 벽에 있는 오록스(멸종 소)를 재현하고, 말과 사슴으로 둘러싸여 있는 동굴 벽화. 황소의 방, 라스코 동굴, 몽티냑(도르도뉴).

14

왼쪽 위 BC 11,000년 구석기 시대, 타르네가론의 몽타스트뤽 동굴에서 발견된 순록 뼈로 조각된 맘모스. **오른쪽 위** 뼈와 돌의 우상, 스페인 알미자라케.

그것을 아름다운 것으로 해석하고 있는 것이다. 아름다움은 후천적으로 주어졌다. 그것은 '선험적으로' 주어지지 않았다.

지나가면서 다음 사실을 분명히 하자. 즉, 선사시대 예술에서 현재 남아 있는 것은 원래 그 시대의 것이 아니라, 그 시대에 만들어졌던 흔적들 중 시간 속에서 살아남은 것이라는 사실이 그것이다. 벽 위의 그림이나 판화, 순록의 뿔이나 뼈로 만든 조각 등이 그 예이다. 하지만 보존이 어려운 소재들―나무, 흙, 모래, 식물, 동물의 피부, 신체 예술(문신, 춤, 의식), 노래 및 음악―로 만들어진 것들은 완전히 사라져 버렸다...

나는 다음과 같은 가설을 주장하게끔 해 주는 하나의 사실로 인해 혼란스럽다. 즉, 예술은 '미를 재현하기보다' 오히려 '생의 도약이라는 억제

할 수 없는 힘에 따르고자 노력한다'는 가설이 그것이다. 이를 보여 주는 미학적 사실이 바로 양화나 음화로 된 손들의 모습이다. 여러 다른 시기에,* 또 멀리 떨어져 어떤 교통수단으로도 연결이 불가능한 여러 지역에서, 즉 자신의 기법을 전수하고자 하는 스승의 몸짓을 배울 수 없었던 여러 시공간 속에서, 서로 알지 못했던 사람들이 같은 기호를 같은 방식으로 그린 것이다. 동굴 벽 위에 있는 손들을 말이다.

두 유형의 손이 있다. 음화로 된 손과 양화로 된 손이다. 음화는 돌 위에 염료를 바르지 않은 손을 놓고 누군가, 아마도 그 손의 주인이 그 위에 염료를 내뿜은 다음, 손을 치웠을 것이다. 그러면 사라진 손의 흔적이 남는다. 양화는 손바닥에 염료를 바르고, 지금 벽에 남아 있는 손의 흔적을 남기는 방식이었을 것이다. 사라진 손의 흔

* 인도네시아의 술라웨시섬에서는 40,000년, 프랑스의 코스케르 동굴에서 27,000년, 오트피레네의 가르가스에서 7,000년, 아르헨티나 파타고니아 손의 동굴에서 7,000년이다. ('*'로 표시한 주는 저자 주이고, 숫자로 표시한 주는 역자 주로 미주 처리함)

손의 동굴, 아르헨티나 파타고니아.

적은 죽은 사람이나 육체적으로 사라진 사람의
흔적을 나타내고, 양화로 된 손의 흔적은 실제로
살았던 사람의 흔적과 관련된다고 상상할 수 있
다. 이렇듯 손들의 유희를 통해 산 자와 죽은 자,
사라진 자와 있는 자, 정신과 신체, 영혼과 육체,
영기(靈氣)와 물질 사이의 긴장이 표현될 수도
있는 것이다.

　어떤 동굴에서는 손들이 절단된 것처럼 보인
다. 고립된 엄지손가락들, 접힌 손가락들을 볼
수 있다. 여기에서도 여러 가설이 없지 않다. 이
가설들은 간단하고 단순한 독법에서 더 상징적
이고 정교한 독법으로 옮겨 간다. 즉, 손이 동상
(凍傷), 사고(事故), 의식(儀式)에 의해 실제로 절
단되었다는 독법에서 손가락 하나하나가 서양
에서는 상징에 연결되어 있다는 독법으로 말이
다. 이런 독법에서 엄지는 엄지 이상이 되고, 검
지는 검지 이상이 된다. 그 결과, 나는 현전과 부
재 사이의 변증법, 즉 현전화(présentification)[9]

에 대한 나의 가설을 내세울 수 있다. 또한 나에
게 '부재화(absentification)'라는 신조어가 허용
된다면, 이 기호들은 충분히 하나의 언어를 구성
한다. 기표와 기의─저것을 말하는 양화로 찍힌
손 안에서 이것을 말하는 새끼손가락...─, 입문
자들은 이것들을 통해 우주론적, 형이상학적, 성
스럽고, 종교적인 성질의 메시지를 파악할 수 있
게 된다. 결국 선사시대 사람들은 '미'에 전혀 관
심을 두지 않았으며, 그들은 의심의 여지 없이
이미 '의미'에 관심이 있었던 것이다.

16-17쪽 선사시대 암각화, 손의 흔적이 있는 동굴.
신석기 시대, 아르헨티나 산타크루즈 동굴.

2

우아함

선사시대와 고대 그리스 사이에 아수르[1], 수메르[2], 바빌론[3], 스키타이족[4], 히타이트족[5]을 고려해야 할 것이다. 하지만 그것은 백과사전적 프로젝트가 될 것이다. 이것은 또한 나의 『세계에 대한 간략한 백과사전 *Brève encyclopédie du monde*』에 포함될 '미학' 프로젝트가 될 것이다...

그리스 예술은 흔히 생각하는 것처럼 플라톤적이지 않다. 오히려 플라톤이 예술가들의 제자였다! 프락시텔레스,[6] 폴리클레이토스,[7] 페이디아스[8]가 조각할 때, 그들 앞에 플라톤의 『소 히피아스 *Hippias mineur*』, 즉 아름다움에 대한 질문과 답을 주고받은 대화록은 없었다... 그 이유는 우선 이 대화록

이 시기로 보아 플라톤의 젊은 시절의 저작이기 때문이다. 폴리클레이토스와 페이디아스는 그와 동시대의 인물이 아니다. 그다음으로 예술가들이 철학자들보다 미에 대한 사유의 측면에서 앞섰기 때문이다.

플라톤은 『국가』에서 동굴의 비유를 통해 어떻게 인간의 감각으로 지각할 수 있는 감각적 세계가 거짓인 반면, 인간의 지성을 통해 생각할 수 있는 지성적 세계가 유일하게 참인가를 설명한다. 이 설명에 따르면 감각으로 지각될 수 있는 프락시텔레스의 동상은 그 어떤 물질적 진리도 갖지 않는다. 반면, '미'의 관념에서 기인하는 한, 이 동상은 이상적이라기보다는 오히려 관념적인 미를 갖게 될 갖게 될 것이다. 그렇기 때문에 이 동상이 미의 관념에 어느 정도 가까운가의 여부에 따라 그 아름다움의 정도가 결정될 것이다. 하지만 우주가 수많은 별로 채워진 것처럼 순수한 관념으로 가득 찬 지성적 세계가 존재할 것이라는 사실은 증명되어야 한다. 사실 이것은 신념, 믿음, 전제의 문제다. 철학에서 말하는 확연적(assertorique) 문제[9]이다. 우리는 산타클로

위 페이디아스(원본에서), 〈테베레의 아폴론〉, 로마 대리석 조각, BC 470-460.
오른쪽 프락시텔레스(모작), 〈오레스테스와 필라데스〉, 대리석 조각, 고대 그리스, BC 1세기 전반기.

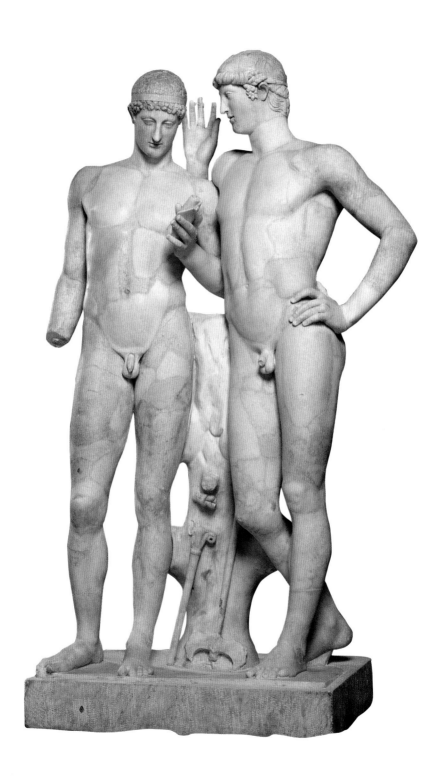

스를 믿는 것처럼 진리 자체, 미 자체, 선 자체, 사랑 자체를 믿는다. 우리는 플라톤도 많은 사람처럼 강렬한 작품을 감상하는 자를 사로잡는 숭고한 감정의 희생자였다고 상상할 수 있다. 화산, 폭포, 무지개, 허리케인, 폭우와 번개와 같은 자연적 숭고의 광경이든, 아니면 핀다로스[10]의 시, 에우리피데스의 희곡, 페이디아스의 조각, 제욱시스[11]의 그림과 같은 인공적 숭고의 광경이든 간에, 감상자는 예술 작품의 표현하는 힘과 의미 작용을 하는 힘에 놀라고 어리둥절해지고 사로잡히게 된다.[12]

감상자가 본능적으로 체험한 이런 숭고를 이해하고자 한다면, 그는 곧바로 순수한 관념들, 지성의 세계, 저 너머, 초월론적인 것, 배후 세계, 물자체의 세계, 절대 정신, 들어본 적 없는 것, 뭔지 모르는 것, 아우라, 존재 저 너머를 떠올리게 된다. 달리 말해 형이상학의 범주, 종교의 범주, 관념론적 철학의 범주, 현상학의 범주 등을 말이다. 대부분의 경우 이런 범주들로 인해 오히려 사태가 흐릿해지고, 이해되지 않게 된다. 작품 앞에서 경험한 우아함 역시 설명되지 않은 채 그대로 방치된다.

위 앙드레 뱅상(1746-1816), 〈크로토네에서 가장 아름다운 소녀를 모델로 선택하는 화가 제욱시스〉, 파리, 루브르 박물관.
오른쪽 페이지 아르튀르 랭보, 「취한 배」의 원고, 파리, 프랑스 국립도서관, 1871.

Arthur Rimbaud

Le Bateau ivre

13

Comme je descendais des Fleuves impassibles
Je ne me sentis plus guidé par les haleurs :
Des Peaux-rouges criards les avaient pris pour cibles
Les ayant cloués nus aux poteaux de couleurs.

J'étais insoucieux de tous les équipages,
Porteur de blés flamands ou de cotons anglais
Quand avec mes haleurs ont fini ces tapages
Les Fleuves m'ont laissé descendre où je voulais.

Dans les clapotements furieux des marées
Moi l'autre hiver plus sourd que les cerveaux d'enfants
Je courus ! Et les Péninsules démarrées
N'ont pas subi tohu-bohus plus triomphants

La tempête a béni mes éveils maritimes
Plus léger qu'un bouchon j'ai dansé sur les flots
Qu'on appelle rouleurs éternels de victimes,
Dix nuits, sans regretter l'œil niais des falots !

Plus douce qu'aux enfants la chair des pommes sûres
L'eau verte pénétra ma coque de sapin
Et des taches de vins bleus et des vomissures
Me lava, dispersant gouvernail et grappin

Et dès lors, je me suis baigné dans le Poème
De la Mer, infusé d'astres, et lactescent,
Dévorant les azurs verts ; où, flottaison blême
Et ravie, un noyé pensif parfois descend.

익명, 〈왕관을 쓰고 있는 에페보스〉, 고대 그리스, BC 1세기, 파리,
루브르 박물관.

나는 예술가가 이처럼 '미의 관념'을 머릿속에 가지고 있다고 생각하지 않는다. 나는 또한 예술가가 그의 작품을 통해 이 '미의 관념'에 다가가려고 애쓴다고도 생각하지 않는다. 열일곱 살 된 아르튀르 랭보[13]가 「취한 배 Le Bateau ivre」라는 제목의 시를 썼을 때, 그는 분명 플라톤적 미의 관념에 도달한다는 기획 속에 있지 않았다. 랭보는 그의 「견자의 편지 Lettre du Voyant」에서 이렇게 쓰고 있다. "그는 홀려 있었고, 더 멀리 보았으며, 세계의 에너지, 현실의 힘, 살아 있는 자의 떨림과 접신한 한 명의 샤먼이었다"고 말이다.

시간의
냉혹한 흐름 앞에서
예술가는
그것의
고정, 중지를
제시한다.

그리스 조각가들이 대리석 덩어리에 작업을 할 때, 나는 그들이 미와 백병전을 하는 것이 아니라, 오히려 시간과 백병전을 한다는 가설을 내세운다. 그러니까 시간의 관념, 관념적이고, 이상적이고, 본질적이고, 초월적이고, 개념적인 시간과 싸우는 것이 아니라, 오히려 가장 단순한 시간성, 초(秒)의 경과와 싸운다고 말이다. 이것이 바로 예술을 반(反)운명(anti-destin)으로 규정했던 말로[14]가 말하고자 했던 의미이다.

페이디아스, 〈운명의 세 여신(클로토, 라케시스, 아트로포스)〉, BC 5세기. 런던, 대영 박물관.

시간의 냉혹한 흐름 앞에서 예술가는 그것의 고정, 중지를 제시한다. 지속되는 작품의 시간 속에서 흐르는 시간을 고정시키는 이런 방법은 영원성과 싸우는 것과 같다. 마치 야곱이 천사와 싸우는 것처럼 말이다.

그리스 조각상을 보자. 다음과 같은 사실을 잊지 않도록 하자. 즉, 우리는 이 조각상을 원래 자리에(in situ) 출현한 때의 진실 속에서 아는 것이 아니라, 그것이 박물관에 보존된 때의 진실 속에서 알고 있다는 사실이 그것이다. 이 조각상이 제작된 시대에 그것은 의미를 부여하는 환경, 예컨대 사원, 신사, 공공건물, 기념관에 자리 잡고 있었던 것이다. 하지만 이 조각상은 오늘날 작품 그 자체보다는 그것의 배치가 더 중요하다고 여기는 박물관 학예사들의 전시 설계 속에서 그 모습을 드러낸다. 하나의 그리스 조각상 앞

에 있는 사람들은 대부분 이 조각상이 하얀색이라고 생각한다. 왜냐하면 이 조각상을 덮고 있던 색이 사라져 버렸기 때문이다. 그러나 원래의 자리에서는 피부, 눈, 홍채, 동공, 머리카락, 손톱이 그것들의 본래 색채의 진실 속에서 계속 모습을 드러내고 있었다. 작품을 대면하여 시간을 벗

오늘날
그리스 조각상은
박물관 학예사들의
전시 설계 속에서
그 모습을 드러낸다…

어나―왜냐하면 광물도 잠시일지라도 엔트로피의 영향을 받기 때문이다[15]―대리석 속에 고정된 시간에서의 덧없는 것에 대한 모방을 상상할 필요가 있다.

그리스 조각상은
굳어 버린 시간을
제시한다.

따라서 조각가는 그 자신에게 돌이나 청동의 영원성을 제공하면서 미의 관념보다는 오히려 존재했던 것의 죽음을 구축(驅逐)하고자 하는 관심사에 더 접근하고자 노력한다. 그런데 이런 구축은 지금, 여기에 있는 하나의 존재의 진실과 더불어 이루어지는 것이 아니라 이 존재의 가장 완벽한 순간과 함께 이루어진다. 즉, 시간과 그것의 파괴에 이를 수 없는 것으로 보이는 젊은 시절의 신체가 가지는 '우아함'의 시간이 그것이다.[16] 그로부터 정의상 시간에서 벗어나는 신성성의 풍부한 재현, 겨우 시간 속으로 진입한[17] 에페보스[18]와 어린 소녀들의 풍부한 재현, 육체 위를 스치는 시간의 결과를 막고자 하는 의도를 가진 규율을 따르는 의지에 의해 조각된 신체들과 운동선수들의 풍부한 재현이 기인한다.

그리스 조각상은 형상들―시간을 벗어나는 엄숙한 신성성, 우아한 에페보스, 유연한 운동선수의 형상들―의 시간을 벗어나는 굳어 버린 시간을 제시한다.

왼쪽 페이지 익명, 〈에페보스〉, 그리스 원작을 모방한 로마 조각, AD 1세기, 나폴리, 국립고고학박물관.
오른쪽 프락시텔레스(모작), 〈크니도스의 아프로디테의 몸통〉, BC 4세기, 파리, 루브르 박물관.

프락시텔레스(BC 400-326), 〈마라톤의 에페
보스〉라고 불리는 한 젊은 운동 선수의 동상,
BC 4세기 말, 고대 그리스. 아테네 고고학박
물관.

고대 그리스 미술, 〈공을 던
지는 벌거벗은 에페보스〉,
테라코타, BC 323-31년경,
파리, 루브르 박물관.

3

진실주의

헤겔 이후 어처구니없게 언급되고 반복되는 것과는 달리, 로마의 조각상은 예술에 둔감했던 얼간이 로마인들에 의해 잘못 만들어진 그리스 조각상의 모방이 아니다.[1] 철학에 대해서도 같은 말이 있었다. 마치 로마인들이 그리스인들의 미학적 또는 형이상학적 수준에 도달할 수 없는 촌뜨기들이라도 되듯이 말이다! 그런 수준까지 못 올라가기는커녕 로마인들은 그런 것을 원하지도 않았다고 말이다! 하지만 로마인들에게는 그들 자신이 제기했던 질문에 그리스적인 답을 하는 것이 중요한 문제가 아니었다. 그들은 로마의 문제에 대해 로마식의 답을 했다! 달리 말해 구체적이고, 실용적이고, 육화되고, 기능적인 답이다.

엔트로피를 막기 위해 그리스인들은 짧고 일시 중단된 시간—이런 시간 속에서 시간의 효과는 가장 눈에 띄지 않는다[2]—을 찬양했다. 그 반면에 로마인들은 초상화에 그려진 것의 현실적이고, 구체적이고, 내재적인 시간을 포착하는 것을 선호했다. '그리스적 우아함의 시간'에 맞서 로마인들은 '고정된 시간의 진실주의'를 제시한다. 하지만 우아함은 진실보다 우월하지도 않고, 열등한 것은 더욱 아니다. 우아함은 미나 미의 관념과는 아무런 상관이 없이 사유, 존재론, 달리 말해 존재의 철학과 더불어 또다른 해결책을 제시하는 것이다.

로마에서는 수사학자와 궤변론자, 플라톤주의 철학자나 피론주의[3] 철학자처럼 배후 세계를 설파하는 자들이 조롱을 받았다. 이런 로마에서 예술가는 키케로의 얼굴을 그의 청소년기, 길지 않은 우아한 시기의 모습이 아니라 현재 있는 그대로의 모습으로 조각한다. 이런 이유로 『투스쿨라나움 Tusculanes』[4]의 저자는 머리카락이 빠져 대머리가 되어 있고, 이마 위, 눈 주위, 코 주위에도 주름이 있다. 같은 이유로 그의 흉상에서 그는 살이 푸석푸석하고, 턱이 두툼하고, 목에도 주름이 잡혀 있다. 하지만 그는 흉상에서 귀족 상원의원의 토가[5]를 입고, 제국 속에서, 제국에 의해, 제국을 위해 고정된 모습으로 형상화되어 있다...

키케로의 진실은 그의 고정된 어린 시절, 그의

로마 예술, 〈키케로의 초상〉(마르쿠스 툴리우스 키케로, BC 106-43), BC 50년경. 대리석 조각, 로마, 카피톨리노 박물관.

30

'그리스적
우아함의 시간'에
맞서
로마인들은
'고정된 시간의
진실주의'를 제시한다.

청소년기, 그의 젊은 시절 속이 아니라, 시간, 경험, 전통과 함께 획득한 지혜 속에 있다. 우리가 그의 경험이라고 부를 수 있는 것 속에 있는 것이다. 달리 말해 그가 살았던 시간 속에 말이다. 로마의 조각가는 목가적인 시간에 비춰 보며 그 자신의 작품을 구상하지 않는다(게다가 그리스의 소아성애(pédophilie)도 신체에 대한 시간의 효과에 대해 '아니오'라고 말하는 방식과 멈춘 시간 때문에 이 신체를 욕망하는 방식으로 해석되어야 할 것이다.) 오히려 이 조각가는 자기 작품을 그가 살고 있는 나라의 고유한 시간관에 비춰 보며 생각한다. 헬레니즘적 천국은 물론 그 어떤 천국도 존재하지 않는다. 오히려 인간의 땅, 아주 인간적인 땅만이 존재할 뿐이다.

따라서 로마와 마찬가지로 그리스에서도 사람들이 도달하고자 하는 것은 '미'—그리스인은 성공하고, 로마인은 실패한다고 해도—가 아니다. 두 경우에서 단 하나의 유일한 문제만이 예술가들을 괴롭힌다. 시간의 효과 앞에서 '우아함에 대한 향수'가 해결책이라고 하는 것은 아테네적 답이다. 자신의 운명을 사랑하는 법, 곧 운명애(amor fati)를 배우라고 하는 것은 로마식 답이다. 바로 이것이 로마의 지혜가 주는 모든 교훈이다.

로마 예술, 〈스키피오 아프리카누스의 초상〉(푸블리우스 코르넬리우스 스키피오, BC 235-183), BC 3세기, 대리석 조각, 피렌체, 우피치 미술관.

4

교화

중세는 긴 기독교 시대에 해당한다. 중세는 서기 4세기 콘스탄티누스 대제[1]와 함께 시작해 르네상스를 특징짓는 고대로의 회귀로[2] 막을 내린다고 말해진다. 두 점의 작품이 이 시대를 감싸고 있다. 하나는 4세기 전반기의 작품으로, 이 시대의 초기를 대변한다. 트로페오포르[3]가 그것이다. 이것은 콘스탄티누스가 신의 은총으로 막센티우스[4]에게 거둔 승리를 보여 주는 그리스도의 명(銘)이다.[5] 콘스탄티누스는 그 이후 값비싼 금속, 금, 그리고 보석들로 그리스도의 명을 열심히 제조하게 했다. 이 모든 정보는 가이사라의 유세비우스[6]가 쓴 『콘스탄티누스의 생애 *Vie de Constantin*』(I. 27-32)에 들어 있다. 이 시대를 감싸는 또 하나의 작품은 15세기에 보티첼리[7]가

위 니콜라 투르니에(1590-1638/9), 〈밀비우스 다리 전투〉(312), 콘스탄티누스가 막센티우스에게 거둔 승리를 재현하기 위해 제작한 금과 보석의 트로페오포르. 툴루즈, 오귀스탱 박물관. **오른쪽 페이지** 산드로 보티첼리(1445-1510), 〈여인의 이상화된 초상화〉 또는 〈시모네타 베스푸치의 초상〉, 1480년경, 프랑크푸르트, 슈테델 미술관.

그린 시모네타 베스푸치[8]의 초상화이다.

시대 구분에서 마지막 시기는 확실하지 않다. 사람들은 나의 시대 구분을 인정하지 않고, 위로 더 거슬러 올라가 3세기 후반 초기 기독교 예술이 존재하고, 레오나르도 다 빈치 이전에 태어난 예술이 있다고도 할 수도 있다. 그 말도 틀리지 않을 수 있다.

천 년 동안
예술은
상상 가능한
모든 소재로
기독교를 형상화했다.

나는 다음과 같은 사실을 기억한다. 즉, 나에게 있어서 최초의 기독교 작품은 박해받은 초기 기독교인들의 것이 아니라(이들에 대한 자료 발굴은 아직 끝나지 않았다) 권력을 장악한 기독교인들의 것이라는 사실이 그것이다. 카타콤베[9]의 과격한 기독교도들은 무리를 이루고 있었으며, 이런 기독교는 여전히 이교도적, 목가적, 베르길리우스적[10]이었고 또 구약 성서를 숭배했다. 자신이 개종한 것과 동시에 제국을 기독교화한 콘스탄티누스 황제 때 승리를 거둔 기독교는 서구의 유대-기독교 문명의 탄생을 목격한다. 십자가에 매달린 예수의 첫 번째 모습이 5세기부터 비로소 나타났다는 것을 상기하자.[11]

나는 다음과 같은 사실을 덧붙인다. 즉, 보티첼리가 그린 시모네타 베스푸치의 초상화가 '제

일 먼저'[12] 내 관심을 끈 것은, 이 그림이 동정녀, 성녀, 순교자, 나아가 유대-기독교 신화의 여주인공을 그린 초상화가 아니라 단지 검은 배경 위에 재현된 피렌체의 상징적인 한 여성의 초상화이기 때문이라는 사실이다. 게다가 보티첼리는 전체적으로 플라톤, 특히 신플라톤주의자들, 기독교 비유를 거론하지 않는 이교도적 신비주의 철학자들의 영향을 받았다. 플로티노스,[13] 포르피리오스,[14] 이암블리코스,[15] 프로클로스[16]에 의한 이와 같은 기독교의 정화(淨化)는 회화의 정화로 이어진다. 보티첼리의 작품에서 시모네타 베스푸치는 가장 내재적인 지상의 아름다움 속에서 포착되고 있다. 이 여성은 그 시대의 가장 아름다운 여성으로 여겨졌다. 피에로 디 코시모[17] 역시 풍경을 배경 삼아 그녀를 그렸다. 나는 검은 배경 때문에 보티첼리의 작품을 선호한다. 이 배경 위에서 그녀는 검은 우주에서 빛의 출현처럼 도드라진다. 마치 무가 검은 우주에서 출현하는 것처럼 말이다.

내가 구분한 시대에 포함된 트로페오포르와 포함되지 않은 시모네타 베스푸치의 초상화 사이에서 기독교 미술은 '아름다움' 그 자체를 표현하고자 한 것이 아니다. 오히려 이 미술은 '기독교 진리의 장면'을 제시함으로써 보는 사람을 교화하고자 했다.

그런데 기독교는 하나의 텍스트, 곧 『토라 Torah』에 기반을 두고 있다. 그렇기 때문에 해야 할 일이 많았다.[18] 유대인들은 메시아의 도래를 선포한다. 하지만 1세기 말부터 일부 유대인들은 이 메시아가 장차 도래하는 것이 아니라 이미 도래했다고 확언한다. 그들에게는 이 메시아가 바로 십자가형을 당하고 사흘 만에 부활해 하늘로 올라간 예수였다. 대부분의 유대인들은 이 이야기를 믿지 않는다. 하지만 기독교인들은 이 이야기를 지어내고 전파하게 된다.

이와 같은 '말씀(Verbe)' 중심의 개념적 신(新)유대 종교에 구체성과 일관성을 주기 위해, 콘스탄티누스 황제와 그의 어머니 헬레나는 성지로 여행을 떠나게 된다. 여행 중에 헬레나는 아들의 모습이 새겨진 많은 금화를 배포했다. 두 사람은 이렇게 해서 역사적으로 존재하지 않은 한 사람, 곧 예수의 삶의 흔적을 고안해 내게 된다. 예수의 실체는 개념적 가상이다. 이른바 예수 처형이라는 사건이 발생한 지 3세기 후에 헬레나는 진짜 십자가의 조각, 십자가형의 이유가 새겨진 죄패,[19] 못, 가시관, 무덤의 위치, 수난의 장소를 찾아냈다. 이 얼마나 믿기 어려운 행운, 이 얼마나 생각할 수 없는 재능인가!

천 년 동안 예술은 이 허구를 형상화함으로써 거기에 일관성을 부여했다. 예술은 아름다움을 표현하려는 것이 아니라 역사적으로 결코 존재하지 않았던 이 예수에게 미적 실체성을 주고자 한 것이다. 왜냐하면 그분은 '말씀'일 뿐이기 때문이다. 성 요한은 이 주제에 대해 모든 것을 말했다...『토라』에는 메시아가 이러하시리라고, 저것을 말씀하실 것이라고, 그분이 이것과 저것을 하실 것이라고, 그분이 여기로 도래하실 것이라고, 그분이 저것을 완성시키실 것이라고 예고되어 있다. 복음서는 무엇을 말하는가? 아주 기이하게도 이렇게 말했다. 즉, 오셨던 메시아 예수가 이러하셨고, 그분이 이것을 말씀하셨고, 그분이 이것과 저것을 하셨으며, 그분이 여기에 오셨으며, 그분이 저것을 완성하셨다고 말이다. 모든 교부주의와 모든 스콜라주의는 이 허구에 이론적 자료를 제공했다. 예술은 이 허구에 조각, 건축, 음악, 회화, 모자이크와 같은 수단으로 일관성을 부여했다. 하지만 우상숭배, 미신, 이교, 따

라서 부도덕과 연결된 무용과 연극은 제외하면서였다. 무용과 연극은 정념을 요구하고, 『구경거리에 반대하며 *Contre les spectacles*』에서 이론화에 매달린 테르툴리아누스[20]는 금욕주의, 절제, 금식, 기도와 순교를 위해 모든 정념을 근절하기 위해 노력했다.

천 년 동안 예술은 상상 가능한 모든 재료로 기독교를 형상화했다. 예술이 기독교에게 형상을, 그러므로 육체를, 그러므로 육신을, 그러므로 가시성을 주었다는 의미에서 그렇다. 그 결과 사람들은 이후 10세기 동안 존재하지 않았던 한 사람의 몸, 그의 삶과 업적을 최대 다수의 사람들에게 소개하고 교화하는 장면을 더 이상 개의치 않게 된다. 수태고지, 성탄, 이집트로의 피난, 무고한 유아들의 학살, 대제사장들에게 주는 교

알브레히트 뒤러(1471-1528), 〈이집트로의 피난 중의 휴식〉, 목판화, 1502, 피렌체, 우피치 미술관.

훈, 예수의 교도권, 기적, 설교, 성전 상인에 대한 분노, 최후의 만찬, 고통의 언덕, 수난, 십자가형, 피에타, 매장, 부활... 등을 말이다.[21]

기독교 예술은 이렇듯 아름다움에 대해 어떤 관심도 없었다. 하지만 이 예술 역시 선사시대의 인간들, 그리스인들과 로마인들과 마찬가지로 '시간'에 대해서는 큰 관심을 가졌다. 고대에는 시간에 대한 순환적인 개념이 있었고, 사물의 영원회귀를 믿었다. 기독교는 이런 전통적인 시간 개념에 혁명을 일으키고, 이전, 중간, 이후를 드러내는 직선을 채택하고 원을 폐지하게 된다. 이

것이 바로 우리가 아직도 이용하고 있는 일직선적 시간 개념이다.

유대-기독교는 시간의 일직선적 개념을 과거, 즉 원죄로 인해 잃어버린 에덴동산의 과거, 현재, 즉 예수 그리스도의 삶과 죽음의 모방을 통해 가능한 대속의 현재, 그리고 미래, 즉 파루시아[22]의 미래 개념과 더불어 제시한다. 특히 이 미래는 최후 심판의 미래가 될 예수의 지상 재림의 미래이기도 하다. 물론 이 재판을 통해 죽은 자들은 영원한 행복을 위해 낙원으로, 아니면 영원한 저주를 받기 위해 지옥으로 가게 될 것이다.

연옥은 중세에 고안되었다. 아담과 하와의 시대, 예수의 시대, 그 다음으로 하나님 아들의 통치 시대, 이 도식은 유감스럽게도 역사철학을 포함해 우리 문명 전체에 스며들어 있다.

기독교의 지적, 영적, 정치적, 형이상학적 제도하에서 예술은 원죄, 예수의 죽음을 통한 대속, 선의 승리로 지상에서의 하나님의 통치라는 세 시기의 변증법을 장면화한다. 예술은 각자로 하여금 자기 안에 있는 타락의 결과를 개탄하고, 그의 대속을 이루며, 그 자신에게 영생 또는 끝없는 형벌을 열어줄 구원을 기다리게끔 한다.

맨 왼쪽 니콜라 피사노(1215/20-1278/84), 〈성전에서의 봉헌과 이집트로의 피난〉, 대리석 강단(부분), 1266-1268, 시에나 대성당. **중간 부분** 〈이집트로의 피난〉, 뒤누아 백작의 기도서, 1439-1450년경, 런던 대영도서관. **오른쪽** 조토 디 본도네(1266년경-1337), 〈이집트로의 피난〉, 아시시, 아시시의 성프란치스코 대성당 지하 성전.

5

알레고리

르네상스 시대에 기독교적 시간의 대안적 시간이 제시된다. 플라톤의 관념론, 아리스토텔레스의 형이상학, 신플라톤주의적 신비주의와 같은 고대 철학이 이 혁명을 위해 동원되었다. 하지만 루크레티우스[1]의 원자론적 유물론도 역시 이 시대에 작동했다. 기독교 이전의 세계에 대한 참조는 기독교 이후 세계의 가능성의 조건에 대한 인식론적 성찰과 어느 정도 맞물린다. 그리스어와 라틴어 텍스트들을 읽거나 다시 읽는 것, 그것은 새로운 세계를 생각하고 건설하고 준비하기 위해 기독교, 교부 및 스콜라학파의 텍스트를 뛰어넘는 것이다.

보티첼리가 검은 배경의 움직이지 않는 소용돌이 위에 시모네타 베스푸치의 초상화를 그릴 수 있도록 한 것이 바로 이 새로운 세계이다. 이 작품에서 핵심은 현대 천체물리학자들이 그 존재를 주장하는 암흑 물질[2]과 유사할 수 있다. 이 물질이 거의 모든 곳에 있다는 사실을 제외하면 그것에 대해서는 아무것도 모른다. 피에로 디 코시모 역시 풍경을 배경으로 이 시모네타 베스푸치를 그렸다. 이 두 개의 그림에서 변증법이 작동한다. 앞에서 이미 언급했듯이, 보티첼리는 이 여성의 형상을 그녀가 드러나는 우주의 암흑에서 끌어낸다. 코시모의 그림은 1485-1490년으로 거슬러 올라간다. 이 그림에서는 여성의 모습이 거의 낭만적인 풍경으로 구성된 배경의 가장 앞에 배치되어 있다. 폭풍을 예고하는 것처럼 보이는 큰 구름들, 다른 나무들에는 잎사귀가 달려 있는 풍경 속의 죽은 나무, 성의 탑이 있는 멀리 보이는 마을, 세속적 권력, 교회의 첨탑, 영적 권력 등이 드러나 있다. 그녀의 상반신은 맨 가슴이 드러나 보이고, 꼬리를 물려고 하는 뱀을 목에 두르고 있다. 사물의 영원회귀를 상징하는 우로보로스[3]이다. 이 초상화는 그야말로 알레고리적이다. 이 초상화는 그녀가 23세의 나이에 결핵으로 사망한 후, 그녀의 애인이었던 메디치가의 줄리아노[4]가 주문한 것이다. 그녀가 오른쪽을 바라보고 있는 보티첼리의 그림과는 달리, 이 그림에서 그녀는 왼쪽을 바라보고 있다. 우리는 로마의 점술 전승에서 왼쪽은 불길하고 저주받은 운

피에로 디 코시모(1462-1521)로 알려진 피에로 디 로렌초, 〈시모네타 베스푸치의 초상〉으로 알려진 〈여성의 초상〉, 1480, 샹티이, 콩데 미술관.

명의 상서롭지 못한 징조를 나타낸다는 것을 알고 있다. 이렇게 해서 우리는 폭풍의 위협, 푸른 나무들의 풍경 속에 있는 죽은 나무, 왼쪽 가슴, 즉 심장이 있는 쪽의 가슴을 물려고 하는 뱀의 의미를 이해하게 된다. 이 젊고 예쁜 여자는 곧 죽을 것이다.

르네상스 시대는 유대-기독교에서 분리된 알레고리, 상징, 암호, 은유, 우화가 가진 모든 힘이 그 위력을 발휘하는 시대이다. 바로크, 로코코와 매너리즘[5]을 통해 가장 높은 개념 수준까지 해석될 수 있는 숨겨진 기호들에 대한 이런 열정이 전달된다.

초기 기독교는 믿기 어려울 정도로 많은 알레고리, 상징, 은유로 이루어졌다. 복음서에는 50여 개 이상의 비유가 포함되어 있다. 이것들은 기독교의 진리를 비밀스럽게 드러내는, 숨겨졌거나 뚜렷하지 않은 방법들이다. 이 진리가 제대로 이해되기 위해서는 입문과 암호 해독이 먼저 이루어져야 한다.

파루시아의 기독교적 시간에 대한 이와 같은 대안적 시간은 더 이상 신의 창조물로 여겨지지 않는 세계를 해독할 수 있는 수수께끼가 되는 시간이다. 이것이 바로 알레고리의 시간이다. 천문학자들은 하늘을 살피고, 지질학자들은 땅속을 살피고, 수학자들은 세계의 수를 찾는다. 케플러와 갈릴레오는 태양을 우리가 사는 우주의 중심으로 되돌려 놓았다. 라이프니츠와 데카르트는 세계를 극소 미적분학이나 이차방정식으로 환원시키고자 열망했다. 팔리시[6]와 스테노[7]는 화석을 분석했다. 이제 세계의 의미는 더 이상 신학자들의 전유물이 아니다.

이아생트 리고(1659-1743), 〈왕실복을 입은 루이 14세의 전신 초상화(63세)〉, 1701, 베르사유, 베르사유와 트리아농 박물관 및 국유 재산.

예술은 세계를 형상화하고, 숨겨진 의미 안에서 세계의 내재적 의미를 파악하고자 한다. 이른바 고전 회화에서도 마찬가지다.

예를 들어 보자. 이아생트 리고가 그린 루이 14세의 평범한 초상화에서도 실제로 여러 의미, 의의, 계시의 복잡한 집합이 드러난다. 우리는 지금까지 공화주의 학교[8]에서 다방면으로 잘 이용된 이 유명한 그림 속에서 프랑스 왕의 전신 초상화를 보는 것으로 만족할 수도 있다. 가발을 쓴 왕은 큰 흰담비털 망토를 입고 발판 위에서 포즈를 취하고 있다. 파란색 옷에 백합꽃이 듬성듬성 있고, 금 자수로 장식된 자주색 천개(天蓋) 아래에서 왕은 한 손에 왕홀을 쥐고, 옆구리에는 칼을 차고 있다. 왕관은 멀리 떨어지지 않은 백합 문양의 파란색 쿠션 위에 놓여 있다. 이렇게 지적된 여러 기호 중 빨간 리본과 뒷굽이 있는 신발을 신은 왼쪽 다리가 앞에 나와 있다.

하지만 연관이 있는 상징적 기호들이 모두 고려된 것은 아니다. 가령, 파란색, 금색, 자주색, 흰담비털, 백합 문양, 천개, 3단으로 된 발판, 붉은 뒷굽, 왕이 들고 있는 왕홀 등이 연결되어 있다. 또한 이 왕홀의 한쪽 끝은 왕관이 놓인 쿠션 위에 닿아 있는 백합 문양이고, 다른 쪽 끝은 검지와 중지를 편 왕의 손에 쥐어져 있다… 하지만 여기에서는 다음과 같은 질문에 답을 할 시간과 장소가 부족하다. 즉, 어떤 이유로 조개껍데기에서 극소량을 얻을 수 있는 보라색이 로마 원로원 의원들과 황제의 고귀한 옷에 사용되었는가? 해외로 찾으러 가야 하는 안료를 필요로 하는 파란색이 어떤 이유로 성모 마리아를 나타내는 그림에 사용되었는가? 항상 그랬듯이 신의 권능, 성인(聖人)들의 권능, 게다가 그들의 후광 또는 인간들의 권력에 연결될 정도로 희귀한 광물인 금이 어떤 이유로 옛날부터 예수, 마리, 요셉, 대천사, 천사, 성인, 그리고 왕, 왕자, 교황들과 같은

42

중요한 것은,
한 점의 그림이
입문자들에게는
답이 밝혀진
하나의 수수께끼처럼
드러난다는 것을
이해하는 것이다.

강력한 힘을 가진 자들을 위해 사용되는가? 어쨌든 이런 재료들, 이런 색깔들은 희귀하기 때문에 고귀하다. 이것이 바로 그것들이 정치권력과 연결되는 이유이다.

알레고리의 한 예를 보자. 왜 흰담비인가? 『박물지 *Histoires naturelles*』의 저자 플리니우스[9]에 따르면 이 포유동물은 청결을 너무 좋아한다. 이 동물이 진흙투성이의 함정에 빠졌다가 몸을 더럽히면서 빠져나올 수 있다고 가정해 보자. 이때 이 동물은 몸을 더럽히느니 차라리 바닥에서 죽기를 원한다고 한다. 달리 말해 이 동물은 더러움을 대가로 치르고 살아남기보다는 서서 깨끗하게 죽는 것을 더 선호한다는 것이다. 이것은 정치적인 것만큼이나 윤리적인 생각이다. 태양왕으로 불리는 루이 14세는 이것을 주장하고, 이아생트 리고가 거기에 시나리오를 붙인 것이다.

또 다른 알레고리를 보자. 왜 빨간 뒷굽인가? 그 이유는 로마에서 발뒤꿈치는 언제나 가장 높은 귀족과 관련이 있기 때문이다. 영원의 도시[10]에서는 고위 정무관, 원로원 의원, 집정관, 총독

은 빨간 신발을 신었다. 19세기에 빨간 뒷굽은 댄디즘의 상징이었다. 프랑스의 위대한 세기[11]에 로마 황제들의 혈통 속에 흐르는 이런 전통이 새겨져 있는 것이다.

세 번째 예를 보자. 루이 14세는 지상에 놓인 발판 위에 서 있는 것처럼 보인다. 하지만 우리는 왕 뒤에서 또 다른 계단을 본다. 이것은 상서롭지 못한 왼쪽 하단에서—서양에서는 왼쪽이 불길한 쪽이라는 사실을 상기하자—출발하는 가상의 대각선이 상서로운 쪽인 오른쪽 상단까지 올라간다는 것을 의미한다. 지상에는 백성들이 있다. 계단 꼭대기에는 하늘의 도시, 신, 대천사 및 천사들이 있다. 중간에서 왕은 인간들과 신 사이를 연결하는 자로 위엄 있게 나타난다. 왕은 지상의 도시와 하늘의 도시의 중개자이다.

필요하다면 네 번째 예를 보자. 왜 왕권을 의미하기 위해 백합꽃이 사용되는가? 이 꽃이 순결, 처녀성과 다산성 사이의 기이한 관계를 상징하기 때문이다. 물론 이것은 지상에서 잠을 자야 한 의무 없이 자식, 즉 후손의 천상 수태를 가능케 하는 마리아의 수태를 가리킨다… 성관계 없이 혈통을 얻는 것, 이것이 바로 아이를 낳기 위해서 성관계를 필요로 하는 보통의 인간들에게 주어지는 상징적인 게시물인 것이다. 이 점에 대한 세부 사항은 여기서 멈추도록 하자.

중요한 것은, 한 편의 그림이 입문자들에게는 답이 밝혀진 하나의 수수께끼처럼 드러난다는 것을 이해하는 것이다. 따라서 예술 작품은 '미'를 형상화하는 것이 아니라, 한 번 더 말하자면, '의의', '의미', '메시지'를 제시한다. 작품은 그것을 아는 사람에게 말을 건넨다. 하지만 작품은 그것을 더 많이 아는 사람에게는 더 많은 것을, 더 잘 말해 준다. 누구든 이아생트 리고가 그린 루이 14세의 초상화를 이해한다고 생각할 수 있다. 하지만 이 작품의 해독에 착수해 보면, 이

해해야 할 것보다도, 대부분의 사람들이 이해한 다고 생각하는 것보다도 훨씬 적은 것을 이해한 다는 것을 알 수 있다. 이 작품의 기의를 파악하 지 못한 채 종종 기표를 보는 경우가 많다. 하지 만 코드가 없는 현대 예술에 속하는 작품들에서 는 이와 같은 틈새가 눈에 띄지 않는다.

이와 같은 알레고리의 시대는 저속한 시대 뒤 에 미묘한 시대가 있음을 보여 준다. 예술에서 항상 그렇듯이 지식과 입문을 전제로 하는 전통 의 시대가 그것이다. 이아생트 리고의 그림에 서는, 플라톤에 따른 미의 이데아와 회화 사이 의 거리를 감안하더라도, 루이 14세에 대한 순수 한 관념에 접근하지 않는 것이 아니라면, '미'도 문제가 되지 않으며, 심지어는 '아름다움' 자체 도 문제가 되지 않는다. 화가는 그림을 볼 줄 아 는 자에게 어떤 것을 말해 주고, 또 모르는 자에 게도 다른 어떤 것을 말해 준다. 하지만 이 두 경 우에 말해지는 것은 같다. 바로 왕이라는 인간의 위엄이 그것이다. 우리는 루이 14세라는 인간을, 그의 특이성, 즉 그의 얼굴을 구성하는 것이 무 엇인지를 겨우 알아본다. 왜냐하면 부풀어 오르 고, 부어오르고, 뚱뚱하고, 나른하고, 거만하고 교만한 모습을 한 이 인간은 여러 상징 속에 묻 혀 있고, 가발을 쓰고, 레이스로 재단된 가슴 장 식을 하고 있기 때문이다. 그러니까 모든 것이 알레고리적 더미 위에 놓여 있다. 여기에서 이렇 게 있는 모습을 보여 주고 있는 자는 인간 루이 라기보다는 오히려 그의 직책의 속성 속에서의 프랑스 64대 왕이다.

이 초상화는 늘 그렇듯이 모든 것의 중심이 되 고자 하는 파리를 찬양하기 위해 로마와 예루살 렘을 한데 섞어 놓고 있다. 이 초상화는『신국론 La Cité de Dieu』을 쓴 아우구스티누스[12]의 후기 고대와 관련된 원로원과 카이사르 제국의 고대 를 보여 준다. 그리고 이것은 기독교적이고 정치 적인 호교론을 보여 주기 위함이다. 자신의 위대 함과 자신의 '위대한 세기'를 보여 주는 것이 중 요하다! 아름다움에는 관심을 갖지 않는 이런 메 시지는 오히려 권력의 과시로 수렴된다.

여기에서 찬양된 시대는 신과 동등해지고자 하는 인간들의 시대이다. 겸손, 검소함, 가난, 절 제 등을 숭배하는 초기 기독교인들과 예수의 원 시 기독교가 어떻게 그토록 많은 금, 보석, 비단, 화려한 천, 모피를 재산으로 삼을 수 있었을까? 페늘롱[13]은 1694년 유명한 편지에서 태양왕에게 이 사실을 고했다. 초월성은 그 마지막 빛으로 빛난다. 신성하고 종교적이며 화려하고 가톨릭 적인 영성은 사라진다. 이 그림은 초월성의 시대 에 백조의 노래[14]를 듣게 한다.

6

내재성

르네상스와 고전 회화에 고유한 알레고리의 시대 후에 내재성의 시대가 도래한다. 이 시대에는 내재성을 위해 우주, 우아함, 진실주의, 영적인 것, 종교적인 것, 알레고리를 아예 백지상태로 돌린다. 피에로 디 코시모가 시모네타 베스푸치를 그릴 때 후경에 있었던 것, 즉 풍경이 전경으로 이동한다. 인물이 사라진다. 장식이었던 것이 주제가 되고, 배경이 관객 쪽으로 솟구치며, 화면의 전경을 차지한다.

    풍경은 자율성을 획득하고, 그와 함께 사물, 세계, 가장 사소한 물체들이 고귀함을 획득한다.

**풍경은
자율성을 획득하고,
그와 함께
사물, 세계,
가장 사소한 물체들이
고귀함을 획득한다.**

찬양해야 할 신들, 신화, 위인들, 왕들과 왕자들, 교황들과 전쟁의 지도자들이 더 이상 없다. 특히 후원자들이 대가를 지불하면서 찬양하는 그림을 그려 달라고 부탁했던 그런 사람들이 더 이상 없다... 각광을 받는 것은 바로 '지금, 여기'이다. 드디어 세속적 시간의 시대가 도래한 것이다. 우리는 여전히 그 시대에 살고 있다.

    이탈리아는 플랑드르 회화[1]에 자리를 내어준다. 네덜란드에서는 종교개혁에 의해 교회에서 이미지를 사용하는 것이 금지된다. 화가는 풍경에 중요한 위치를 부여한다. 인간들이 여전히 그 풍경 속에 있기는 하다. 하지만 그들은 작은 인형들이나 실루엣처럼 작디작은 모습으로 후경에 자리 잡고 있다. 반면, 그림의 주연 배우는 자연이다.

    음영(陰影) 속의 작은 인물들로 변해버린 인간들과 웅대한 자연 사이의 긴장이 숭고를 위해 해소된다. 신도 없고 인간도 거의 없는 자연의 광경은 예술가에 의해 고정되어 영원으로 이어지는 순간의 순수한 현존에 전능함을 부여한다. 산, 바위, 평원, 길, 호수, 나무. 그림에서 지리가 역사의 자리를 차지한다.

장바티스트 시메옹 샤르댕(1699-1779), 〈배, 호두와 포도주 잔〉, 18세기, 파리, 루브르 박물관.

정물화는 내재성의 세속적 시간을 탁월하게 구현한다. 샤르댕보다 이것을 더 잘 보여 주는 화가가 또 있을까? 여전히 '아름다움'을 그리거나, 심지어 냄비, 과일 그릇, 잔, 물병, 유리잔, 커피포트, 꽃병, 수프 그릇, 주전자, 칼, 유봉, 유발 등과 더불어 '미'를 그리는 것은 중요하지 않다. 그보다는 사물들의 순수한 현전, 물체들의 내재성, 도구들의 순수한 물질성을 그리는 것이 중요하다. 이것은 주어진 세계에 대한 찬양이다.

물질의
초월성을
끌어내기 위해
이루어지는
물질에 대한
관조이다.

이것은 실제적인 것을 위한 이교도적 기도(祈禱)이다. 물질의 초월성을 끌어내기 위해 이루어지는 물질에 대한 관조이다. 원자들의 침묵기도이다.

분명 정물화에서 알레고리가 기독교적, 도덕적 교화의 형태로 여전히 뭔가를 전달할 수 있다. 깨진 도자기, 탁자 가장자리에 불안하게 놓

장바티스트 시메옹 샤르댕(1699-1779), 〈은잔〉, 1763, 파리, 루브르 박물관.

여 곧 떨어질 듯한 칼, 도자기의 금, 유리의 파편, 바로 거기에 공허함이 있다! 모든 것은 부서지기 쉽다. 엔트로피는 인간과 마찬가지로 사물을 손상시킨다. 실제로 인간에게는 부서지고, 불안하고, 금이 가고, 폭발해 버리는 영혼과 신체의 여러 부분이 있다.

탁자의
가장자리에
불안하게
놓인 칼,
바로 거기에
공허함이 있다!

이와 마찬가지로 사냥감 위에 앉아 있는 한 마리의 파리, 과일에 진 얼룩, 레몬 껍질, 물병이나 유리잔에 반사된 것, 시든 꽃이나 떨어진 튤립 꽃잎은 뭔가를 말하고 있다. 보쉬에[2]의 설교, 얀세니우스[3]의 편지 또는 파스칼의 사유처럼 말이다.

예컨대 이 떨어진 튤립 꽃잎은 17세기에 이 꽃이 끔찍하게 비쌌으며, 또 그 구근이 주식 시장에서 투기의 대상이었다는 것을 우리가 알고 있다고 전제한다. 화가가 너무 빨리 시드는 꽃을 그리고, 시든 꽃잎을 얻기 위해 많은 돈을 쓰는 것은 헛된 일이라는 것을 보여 주는 것, 이것은

장바티스트 시메옹 샤르댕(1699-1779), 〈홍어〉, 1727, 파리, 루브르 박물관.

다시 한번 다음과 같은 사실을 증명해 준다. 즉, 화가의 계획은 아름다운 사물을 보여 주는 것이 아니다(여전히 '아름다움'을 덜 보여 준다). 오히려 교화적이며 의미심장한 장면, 복음사가 마태오가 말했듯이, '보는 눈이 있는 사람'에게 이야기해 주는 교화적인 이미지를 보여 주는 데 있다는 사실이 그것이다.

샤르댕까지 회화는 무엇보다도 기법, 그림 그리는 테크닉, 실행의 예술이었다. 화가는 하나의 직업이었다. 그는 능수능란함, 재능, 솜씨, 때로는 기교를 필요로 한다. 하지만 화가가 스타는 아니다. 그 증거로, 그림에 대한 서명의 일반화는 예술사에서 뒤늦게 이루어졌다. 18세기 후반 이전이 아니다.

장바티스트 시메옹 샤르댕(1699-1779), 〈포도와 같이 있는 하얀 다기(茶器)〉, 18세기, 파리, 루브르 박물관.

7

유사성

대(大) 플리니우스[1]가 들려주는 그리스 화가 제욱시스의 이야기는 사진의 등장 전까지 미학 분야의 규범이었다. 사진에 대해서는 뒤에서 거론할 것이다. 제욱시스는 고대의 가장 위대한 화가로 여겨진다. 안타깝지만 그가 남긴 작품은 현전하지 않고, 단지 그가 그린 작품의 몇몇 주제만 남아 있다. BC 5세기에 열렸던 한 그림 대회에서 그는 포도를 그렸다. 이 그림은 포도를 너

> 그 시대에 화가의 재능은,
> 그의 작품이
> '미'에 어느 정도 가까운가
> 아니면 먼가에
> 달린 것이 아니라,
> '실재'에 어느 정도
> 가까운가 아니면
> 먼가에 달려 있었다.

무나도 잘 모방해서 새가 그것을 쪼아 먹으러 올 정도였다… 이 대회에 참가한 다른 한 명의 경쟁자였던 파라시오스는 자신의 그림을 커튼 뒤에 숨겼다. 제욱시스는 그의 작품을 보기 위해 커튼을 젖혀 달라고 요청했다. 그런데 바로 그 커튼이 작품이었다! 제욱시스는 자신의 패배를 인정했다. 왜냐하면 그의 그림은 새를 속였지만, 그의 맞수의 그림은 사람을 속였기 때문이었다!

이 일화에서 얻을 수 있는 교훈은, 화가는 아름다움에 관심을 갖기보다는 유사성, 유비를 겨냥하고, 환영을 창조하고자 하며, 실재라는 인상을 주기를 원한다는 것이다. 바야흐로 유사성의 시대가 도래한 것이다. 바로 여기에 우리가 트롱프뢰유[2]를 모든 미적 판단의 알파와 오메가로 삼은 이유가 있다. 어떤 작품이 실재와 닮았다면, 미의 플라톤적 이데아에 가깝지 않다고 해도, 이 작품은 사랑받고 감상할 만한 가치가 있게 된다. 실재에 가깝다는 착각이 크면 클수록 화가의 재능은 더 많은 칭찬의 대상이 된다.

제욱시스에서 샤르댕에 이르기까지, 비록 스타일이 표상에 주어진 주관적 부분을 보여 준다고 해도—실재는 매너리스트들[3]이 그것을 재현하는 방식을 닮지 않았다. 그레코[4]를 생각해보기

야콥 폰 요한, 〈자신들의 그림을 보여 주는 제욱시스와 파라시오스〉, 1768.

엘 그레코라고 불리는 도메니코스 테오토코풀로스, 〈라오콘〉, 1610/14년경, 미국, 워싱턴 D.C, 국립미술관.

바란다―, 그 시대에 화가의 재능은, 그의 작품이 '미'에 어느 정도 가까운가 아니면 먼가에 달려 있는 것이 아니라, '실재'에 어느 정도 가까운가 아니면 먼가에 달려 있었다.

하지만 사진의 발명으로 우리는 실재를 충실하게 재생산할 수 있는 완벽한 기술을 갖게 된다. 빛이 감광판에 들어갈 수 있도록 구멍이 뚫린 어두운 방(chambre obscure)은 빛의 기록을 가능하게 해 준다. 이것이 '사진'의 어원이다. 분명 첫 시도들은 최근의 … 순수 회화[5]를 생각하

게 한다!

니에프스[6]의 〈그라의 창문에서 바라본 조망 Point de vue du Gras〉이라는 제목의 사진은 1826년의 것이다. 흐릿함의 효과를 낳는 큰 입자들 속에서 우리는 주로 평면이 보이는 건물을 추측한다. 어찌 이런 입자들과 더불어 인상주의를, 이런 평면들과 더불어 입체파를 생각하지 않을 수 있겠는가? 모두가 알다시피 다가올 두 가지 미학적 흐름을 말이다. 물론 이 사진은 흑백이다. 하지만 이 사진은 빛의 효과, 더 구체적으로는 빛의 효과를 물질화시키는 모든 범위의 흰

니세포르 니에프스, 〈그라의 창문에서 바라본 조망〉, 1826.

색과 검은색을 상정한다.

그림은 사진과 경쟁할 수 없다. 보들레르[7]는 사진이 예술이 아니라고 말했다. 한 번만으로는 관례가 되지 않는다.[8] 이 말을 할 때 보들레르는 상상력이 부족했다. 하지만 그를 변호하자면, 사진이 예술이 될 것이라고 어떻게 상상할 수 있었겠는가? 그 당시에 사진은 있는 그대로의 것을 재현하는 단순한 기술에 불과했다. 그림은 사진과 경쟁할 수 없었기 때문에 다른 곳에서, 다른 방식으로, 다르게 발전한다. 그림은 실재를 충실하게 재현하는 것보다는 오히려 실재에 대한 빛

의 효과를 포착하는 것에 더 관심을 갖게 된다. 인상주의가 이와 다른 작업을 하는가?

인상주의가 시작된 1869년(르누아르의 〈라 그르누이에르 La Grenouillère〉, 모네의 〈라 그르누이에르에서 목욕하는 사람들 Baigneurs à la Grenouillère〉)보다 30년 전인 1840년에, 터너[9]는 형상을 파괴하고 빛을 그렸다. 그 해 이전에는 이 영국 화가가 그린 다양한 주제들—베수비오 화산 폭발,[10] 폭풍 속의 배, 런던 국회의사당의 화재,[11] 해변의 인물, 철도 및 증기 기관차 등—을 명확하게 분간할 수 있다. 하지만 〈베네치아와

피에르오귀스트 르누아르, 〈라 그르누이에르〉, 1869, 스톡홀름, 국립박물관.

클로드 모네, 〈라 그르누이에르에서 목욕하는 사람들〉, 1869, 런던, 국립갤러리.

위 윌리엄 터너(1775-1851), 〈베네치아와 살루테 성당〉, 19세기, 런던 테이트. **오른쪽** 클로드 모네(1840-1926), 〈루앙의 노트르담 대성당, 파란색과 금색의 조화〉, 19세기, 파리, 오르세 미술관.

살루테 성당 *Venise et la Salute*〉(1840-1845)이라는 작품을 보고 나서 도제의 도시(Cité des Doges)[12]를 알아보는 사람들만이, 이 작품에서 왼쪽 한 모서리와 산타마리아 델라 살루테 대성당의 바로크 돔에서 멀리 보이는 원근법을 인식한다. 모든 것이 흰색의 음영이다. 이것은 거의 단색이다... 그런 만큼 '아름다운'이나 '미'를 그린다는 것이 더 이상 문제가 되지 않는다!

터너는 여전히 식별하기 모호한 몇몇 대상과 함께 빛을 그렸다. 서양 예술, 따라서 세계 예술에서 터너가 수행했던 회화의 구성상의 역할은 과소평가되었다. 인상파가 등장하기 30년 전에 그는 빛을 가장 좋아하는 테마로 삼았다. 모네가 루앙 대성당 연작을 그렸을 때가... 1892년과

1894년 사이였다! 따라서 모네가 고딕 대성당의 흰 석회석 위에 나타나는 노르망디 지역의 빛의 효과를 보여 주는 데 30개의 화폭을 할애한 것은 터너 이후 반세기가 지나서였다. 나는 그가 건물을 개의치 않는다고 말하지는 않겠다. 하지만 건물은 모든 의미에서 부차적이다. 중요한 것은 노르망디 지역의 빛이다. 여기 그가 어떻게 성당 주위를 돌면서 그 빛을 구분했는가의 사례가 있다. "갈색 조화", "회색 날씨", "태양", "회색과 분홍색의 교향곡", "효과가 있는 태양", "정오에", "일몰", "안개 속에서" 또는 "아침나절의 안개" 속에서, "아침나절의 효과" 또는 "아침의 효과" 속에서 또는 "오전의 효과", "아침나절의 해, 파란색 조화", "태양 효과", "파란색과 금색 조화" 속

벗짚 더미는
빛의 지지대이다.
벗짚 더미는
물질적으로 겨우 존재한다.
벗짚 더미는
아무런 구체적인
일관성을
갖지 않는다.

에서 등이 그것이다.

인상파 화가들은 빛을 운반하는 재료—건초 더미, 강, 선술집, 들판, 정원, 수련, 하늘, 해변, 산책하는 여자...—에 관계없이 빛의 효과를 그리고자 한다.

이런 이유로 1889~1891년 사이에 모네가 그린 25개의 건초 더미 중 "흰색 서리 효과"가 있다고 말해지는 건초 더미는 제비꽃색과 자주색, 장미색과 오렌지색, 라일락꽃색과 연어색, 연보라색과 흰색으로 진동하는 것처럼 보인다. 하지만 거기에 짚의 금빛 노란색을 상기시켜 주는 것은 아무것도 없다. 벗짚 더미는 빛의 지지대이다. 벗짚 더미는 물질적으로 겨우 존재한다. 벗짚 더미는 아무런 구체적인 일관성을 갖지 않는다. 벗짚

더미는 순수한 색채 유희이다. 모네는 건초 더미를 그린 것이 아니라 건초 더미 위에서 발생하는 빛의 효과, 색들의 진동 속으로 사라지면서 순수한 형태가 되는 효과를 그려, 그 명도에 집착하면서 그것을 포착하고 고정시킨 것이다. 모네가 얻은 것을 사진으로는 얻을 수 없다. 아름다움과 미와는 거리가 먼 인상파 화가들은 사진의 도전을 받아들인다. 고전주의를 고수하며 사진작가가 인물 사진을 찍듯 그림을 그릴 때 아무것도 알고 싶어 하지 않는, 이른바 아카데미즘 화가들[13]을 제외하면, 회화는 주제의 해방을 향해 나아간 것이다.

지나가면서 한마디 하자. 우리가 아카데미즘 화가들이라고 부르는 이유는, 그들이 소방관 (pompier)의 헬멧에 반사되는 풍경을 완벽하게 그려낼 수 있을 정도로 실제 효과를 복원하는 데 기술적으로 탁월하기 때문이다!

아름다움을 개의치 않고, 그보다는 태양의 인상을 선호하는 사람들을 낙선시키기 위해 인상파라는 단어가 만들어졌듯이 — 조롱의 대상이 된 작품은 모네의 그 유명한 〈인상, 떠오르는 태양 *Impression, soleil levant*〉(1872–1873)이다 —, '아카데미즘 화가'라는 단어가 비아냥거리는 것처럼 보이는 것은 당연하다. 고대와 현대,

왼쪽 페이지 클로드 모네, 〈건초 더미(눈과 태양의 효과)〉, 1891, 미국, 뉴욕, MoMA.
위 클로드 모네, 〈건초 더미(흰 서리 효과)〉, 1889, 미국 코네티컷주, 힐스테드 박물관.

62

인상파와 아카데미즘 화가들, 보수파와 진보파 사이의 정치적 대립과 20세기에 마르크스주의와 더불어 정점에 달하는 변증법이 형성된 것이 이 시기로부터 출발해서이다. 이와 같은 정치적 이율배반은 선(線) 옹호자들을 색 옹호자들에, 데생 옹호자들을 회화 옹호자들에 대립시키는 미학적 이율배반을 대신하게 된다. 고전 시대에 루벤스의 제자들과 푸생[14]의 제자들을 둘러싼 뜨거운 논쟁[15]을 기억하기 바란다!

클로드 모네, 〈인상, 떠오르는 태양〉, 19세기, 파리, 마르모탕 미술관.

8

디오니소스

나치는 1937년 뮌헨에서 이른바 '퇴폐예술'[1] 전시회를 개최한다. 놀데,[2] 키르히너,[3] 코코슈카,[4] 피카소, 샤갈, 칸딘스키, 클레, 뭉크, 막스 에른스트[5] 등이 퇴폐예술가로 낙인찍혔다. 나치주의자들은 다음과 같은 점을 비판했다. 즉, 예술이 아름다움과 단절되었다는 점, 더 이상 그림을 그리거나 색칠할 줄 모르는 사람들, 섹스, 마약, 우울증, 평화주의, 매춘, 알코올 중독과 같은 허무주의적 주제를 보여 주는 자들에 의해 창작된다는 점 등이 그것이다.

이데올로기적,
국가적,
제국주의적
시대이다...

선전부 장관 즈다노프[6]와 그의 분신인 괴벨스[7]에 의해 도상적으로 좋아해야 하는 작품이 어떤 것인지를 표명한 이데올로기적 시대가 도래한 것이다. 이 시대는 이데올로기적, 국가적, 제국주의적, 전체주의적, 교훈적이고, 또한 분명하고 공개적으로 선전의 시대이다. 교양이 아주 낮은 관객도 쉽게 이해할 수 있는 단순한 이미지가 알레고리와 상징보다 훨씬 더 중요하다.

괴벨스와 나치는 현대 예술(이 경우에는 근대 예술이다)을 광인들과 어린아이들의 예술과 연관시킨다. 입체파, 다다이즘, 야수파, 미래파, 초현실주의, 표현주의뿐만 아니라 인상주의와 다른 형태의 추상화도 동일한 비난의 대상이 된다. 현대 예술에 대한 모든 비판은 전체적으로 다음과 같은 주장에서 출발한다. 미쳐 버린 반 고흐 이후로 모르핀 중독자인 고갱을 거쳐 근시의 희생자가 된 모네에 이르기까지 예술은 죽고, 예술가는 퇴폐했다!

1937년 7월 18일 뮌헨에서 열린 제1회 《독일 예술 대전시회》 개막식 퍼레이드. 이 나치 공식 예술 전시회 맞은편에서 《퇴폐예술》 전시회가 그 다음 날 개최되었다.

1937년 뮌헨에서 나치가 개
최한 이른바 "퇴페예술" 전
시회 입구와 입장권.

1937년 7월 19일 개막일에 히틀러에게 전시회를 안내하는 요제프 괴벨스.

usw. ist weder rassisch begrün-
dlich. Es ist höchstens als Ausdruck
zu werten, die von
aller
ihre Vermischung

왼쪽 〈큰 머리〉(1912), 전시회에서 나치가 선택한 700점의 다른 '퇴폐' 작품과 함께 전시된 오토 프로인들리히의 조각. 카탈로그 표지용.
위 전시회 첫날 방문한 히틀러.

위 및 다음 페이지들 전시 장면.

입체파, 다다이즘,
야수파, 미래파, 초현실주의,
표현주의뿐만 아니라
인상주의와
다른 형태의
추상화도
동일한 비난의 대상이 된다.

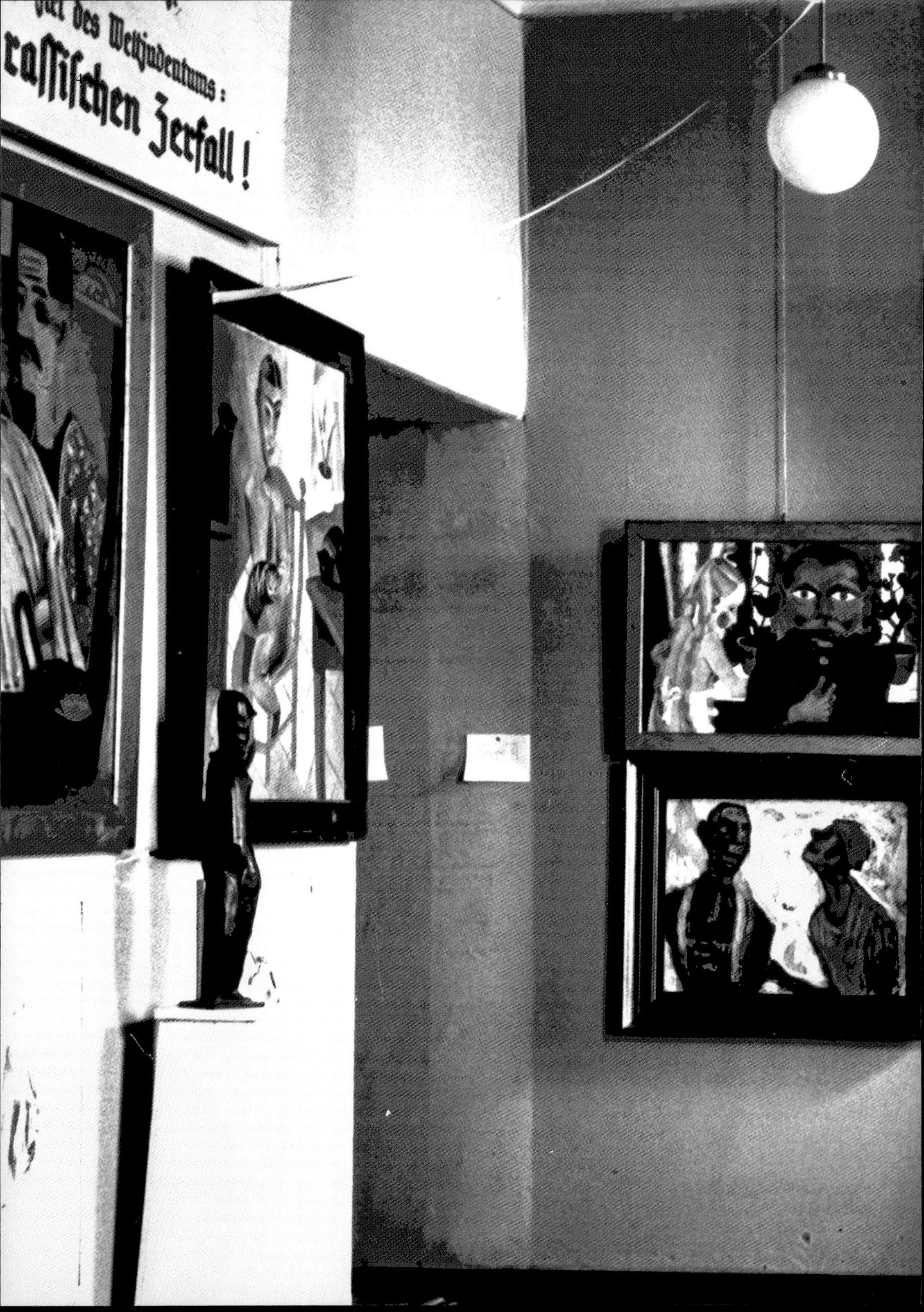
des Weltjudentums :
rassischen Zerfall !

Was will die Ausstellung „Entartete Kunst"?

Sie will am Beginn eines neuen Zeitalters für das Deutsche Volk anhand von Originaldokumenten allgemeinen Einblick geben in das grauenhafte Schlußkapital des Kulturzerfalles der letzten Jahrzehnte vor der großen Wende.

Sie will, indem sie das Volk mit seinem gesunden Urteil aufruft, dem Geschwätz und Phrasendrusch jener Literaten= und Zunft=Cliquen ein Ende bereiten, die manchmal auch heute noch gerne bestreiten möchten, daß wir eine Kunstentartung gehabt haben.

Sie will klar machen, daß diese Entartung der Kunst mehr war als etwa nur das flüchtige Vorüberrauschen von ein paar Narr= heiten, Torheiten und allzu kühnen Experimenten, die sich auch ohne die nationalsozialistische Revolution totgelaufen hätten.

Sie will zeigen, daß es sich hier auch nicht um einen „not= wendigen Gärungsprozeß" handelte, sondern um einen planmäßigen Anschlag auf das Wesen und den Fortbestand der Kunst überhaupt.

... meinsame Wurzel der politischen ... rellen Anarchie aufzeigen, die Kunst= ... schewismus im ganzen Sinn des ...

... anschaulichen, politischen, rassischen und ... ten klarlegen, welche von den treibenden ... gt wurden.

... en, in welchem Ausmaß diese Ent= ... bewußt treibenden Kräften übergriffen ... angene Nachbeter, die trotz einer früher ... wieder bewiesenen formalen Be= ... akter= oder instinktlos genug ... pen= und Bolschewistenrummel mit=

... t aber auch zeigen, wie gefährlich eine ... isch eindeutig bolschewistischen Wort=

78-83쪽 이른바《퇴폐예술》전시회(1937)의 카탈로그. 왼쪽 사진은 카탈로그 표지, 78-81쪽의 글 제목은 "전시가 원하는 것은 무엇인가?" 이다.

„Kunstkommunist werden heißt zwei Phasen durchlaufen:
1. Platz in der kommunistischen Partei nehmen und die Pflichten der Solidarität im Kampf übernehmen;
2. Die revolutionäre Umstellung der Produktion vornehmen."

Der Jude Wieland Herzfelde in „Der Gegner" 1920/21.

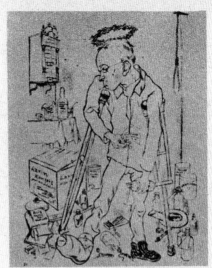

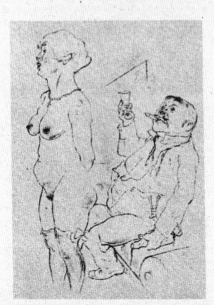

führern gelenkte Entwicklung war, wenn sie auch solche Menschen kulturpolitisch in den Dienst der bolschewistischen Anarchiepläne stellen konnte, die ein parteipolitisches Bekenntnis zum Bolschewismus vielleicht weit von sich gewiesen hätten.

Sie will damit aber erst recht beweisen, daß heute keiner der an dieser Kunstentartung damals irgendwie beteiligten Männer kommen und nur von „harmlosen Jugendeseleien" sprechen darf.

Aus alledem ergibt sich schließlich auch, was die Ausstellung „Entartete Kunst" nicht will:

Sie will nicht die Behauptung aufstellen, daß alle Namen, die unter den ausgestellten Machwerken als Signum prangen, auch in den Mitgliederlisten der kommunistischen Partei verzeichnet waren. Diese nicht aufgestellte Behauptung braucht also auch nicht widerlegt zu werden.

Sie will nicht bestreiten, daß der eine oder andere der hier Vertretenen manchmal — früher oder später — „auch anders gekonnt" hat. Ebensowenig aber durfte diese Ausstellung die Tatsache verschweigen, daß solche Männer in den Jahren des bolschewistisch-jüdischen Generalangriffes auf die deutsche Kunst in der Front der Zersetzung standen.

Sie will nicht verhindern, daß diejenigen Deutschblütigen unter den Ausgestellten, welche ihren jüdischen Freunden von ehedem nicht in das Ausland gefolgt sind, nun ehrlich ringen und kämpfen um eine Grundlage für ein neues, gesundes Schaffen. Sie will und muß aber verhindern, daß solche Männer von den Zirkeln und Cliquen einer so düsteren Vergangenheit dem neuen Staat und seinem zukunftsstarken Volk gar heute schon wieder als „berufene Bannerträger einer Kunst des Dritten Reiches" aufgeschwatzt werden.

4

„Wir ziehen es vor, unsauber zu
existieren, als sauber unterzu-
gehen. Unfähig aber anständig
zu sein, überlassen wir verbohr-
ten Individualisten und alten
Jungfern. Keine Angst um den
guten Ruf!"

„Der Gegner" 1920/21.

„Das realisch Gebundene wird
zerteilt und aufgebrochen zu
einem Gefäß für seine aufge-
staute, sinnlich brennende Lei-
denschaft, die — nun entzündet —
keine seelische Tiefe mehr kennt
und nach außen schlägt, verzeh-
rend, expansiv, sich mit allen Tei-
len begattend. Es gibt für ihn
keine Widerstände mehr und vor-
gesetzte Grenzen . . ."

Zeitgenössisches   Literatengeschwätz
über solche damals „moderne" Bor-
dellkunst.

Zur Gliederung der Ausstellung

Da die Fülle der verschiedenen Entartungserscheinungen, wie sie die Ausstellung zeigen will, auf jeden Besucher ohnehin einen fast niederschmetternden Eindruck macht, wurde durch eine übersichtliche Gliederung dafür gesorgt, daß in den einzelnen Räumen jeweils der Tendenz und der Form nach zusammengehörige Werke in Gruppen übersichtlich vereinigt sind. Nachstehend wird die Führungslinie kurz dargestellt.

Gruppe 1.

Hier ist eine allgemeine Übersicht über die Barbarei der Darstellung vom handwerklichen Standpunkt her zu gewinnen. Man sieht in dieser Gruppe die fortschreitende Zersetzung des Form- und Farbempfindens, die bewußte Verachtung aller handwerklichen Grundlagen der bildenden Kunst, die grelle Farbkleckserei neben der bewußten Verzerrung der Zeich-

Wer nur das Neue sucht um des Neuen willen, verirrt sich nur zu leicht in das Gebiet der Narreteien, da das Dümmste, in Stein und Material ausgeführt, natürlich um so leichter das wirklich Neuartigste zu sein vermag, als ja in früheren Zeitaltern nicht jedem Narren genehmigt wurde, die Umwelt durch die Ausgeburten seines kranken Hirns zu beleidigen.

Der Führer
Reichsparteitag 1933.

6

Ein sehr aufschlußreicher
rassischer Querschnitt

Man beachte besonders auch die unten stehenden drei Malerbildnisse. Es sind von links nach rechts: Der Maler Morgner, gesehen von sich selbst. Der Maler Radziwill, gesehen von Otto Dix. Der Maler Schlemmer, gesehen von E. L. Kirchner.

하지만 예술은 죽지 않았다. 항상 그렇듯이 예술은 '시대정신(Zeitgeist)', 즉 독일 철학자들이 주장하는 그 유명한 시대정신에서 기인한다. 왜냐하면 모든 예술은 하나의 문명의 정신적 상태를 보여 주는 다양한 형태의 생산 활동이기 때문이다.

제1차 세계대전 때 전선에서 참혹한 도살을 체험한 사람들에게 역사는 허무주의의 학교로 드러났다. 화재, 폭탄, 파괴, 상처, 피, 고통, 헐떡임, 죽음, 쥐, 벌레, 절단, 자신들이 목격하고 또 직접 행한 일에 의해 트라우마를 갖게 된 군인들의 광기를 알게 되었을 때, 예술가들이 어떻게 조화, 균형, 대칭, 협화음의 예술을 계속 옹호할 수 있고, 나아가 그런 예술을 계속 창작할 수 있는가? 1914년 8월 22일에만 27,000명의 프랑스인이 전투에서 사망했다. 이날은 프랑스 역사상 가장 많은 피를 흘린 날이었다. 알제리 전쟁 8년 동안[8] 발생한 사망자 수와 같은 숫자가 죽은 것이다. 그렇게 끔찍한 인간의 추악함 앞에서 대체 어떤 예술가들이 분노를 외치지 않은 채, 여전히 미에 대해, 게다가 아름다움에 대해 말하는 것을 경청할 수 있는가?

아프리카 예술은 전쟁에서 산송장이 되어 돌아온 이들의 분노를 대변하는 확성기 역할을 한다. 아폴리네르[9]가 아프리카 예술의 서구 예술로의 놀랄 만한 유입을 분석했다는 사실은 흥미롭다. 그런데 그는 1918년 11월 9일 스페인 독감에 걸려 죽기 전에 직접 전투를 치렀고, 유명한 한 장의 기록 사진에서 볼 수 있듯이 머리에 부상을 당한 바 있다. 그가 부상당한 날은 제1차 세계대전의 종전일인 11월 11일 바로 며칠 전이었다.
아프리카 예술은 아폴리네르 훨씬 이전부터 유럽에 알려졌다. 식민지 시대의 선교사들이나

> 그렇게 끔찍한
> 인간의 추악함 앞에서
> 대체 어떤 예술가가
> 그 자신의 분노를
> 외치지 않은 채,
> 여전히 미에 대해,
> 게다가
> 아름다움에 대해
> 말하는 것을
> 경청할 수 있는가?

군인들은 역설적으로 아프리카인들에게는 예술에 속하는 것이 아니고, 게다가 아름다움에 속하는 것은 더욱 아니며, 의식(儀式)에 속했던 물건들을 구해 내는 데 일조했다. 아프리카 조각가들은 아름다운 작품을 제작하는 데 관심을 둔 것이 아니라, 오히려 그들의 조상의 영혼과 후손의 영혼을 연결하는 것을 가능케 해주는 방법을 찾는 데 관심을 가졌다. 의식을 거행하는 데 유용한 이 물건들은 산 자들의 세계와 죽은 자들의 세계 사이에서 중재자 역할을 수행한 후에는 더 이상 유용하지 않게 되었다.

아폴리네르의 초상화. 1915년 4월 군대에 징집되었던 그는 1916년 3월 17일 관자놀이에 부상을 입었다. 이 사진은 몇 달 후인 1916년 8월 파리 오르세 선착장의 프랑스 전쟁 부상자들을 위한 이탈리아 정부 병원에서 촬영된 것이다.

E. KIRCHNER

SÜDBORNEO

한때 흑인예술이라고 불렸고, 오늘날에는 '원시예술'이라고 불리는 예술의 물신(fétiche)은 살아 있는 자들의 영혼과 사라졌지만 추모 의식 덕분에 여전히 존재하고 있는 고대인들의 영혼 사이를 중재한다. 파리 예술가들의 손에서 아프리카 물건들은 신성한 유물과는 다른 어떤 것이 된다. 이 물건들은 동시대의 예술을 지배하는 질서를 폭발시키는 전례 없는 원시적 형태를 지니고 있다. 인상파, 야수파의 작품들 모두가 훌륭하지만, 여전히 점잖고 차분하다. 아프리카의 가면, 조각상, 성유물 또는 물신은 미의 고전적 범주를 날려버릴 수 있는 수많은 미학적 폭탄과 같은 기능을 한다. 이 물건들은 디오니소스적 시대의 막을 올린다. 이 시대에 아폴론적 세계는 폭발해버린다.

파리 예술가들의
손에서
아프리카 물건들은
신성한 유물과는
다른
어떤 것이 된다.

왼쪽 모리스 드 블라맹크가 그의 파리 소재 스튜디오에서 이른바 원시예술 조각상들에 둘러싸여 사진을 찍고 있다. **위** 프란츠 마르크와 바실리 칸딘스키의 연감 『청기사파』의 내부 두 페이지, 1914.

왼쪽 모리스 드 블라맹크 컬렉션 중 사하라 사막 이남 아프리카의 여성 조각상.
오른쪽 프란츠 마르크와 바실리 칸딘스키의 연감 『청기사파』의 표지, 1914.

90

1905년 모리스 드 블라맹크[10]는 아르장퇴유[11]
의 한 술집에서 다호메이 왕국[12]의 두 조각상
과 코트디부아르의 또다른 조각상을 발견한 공
로를 인정받았다. 조각상들을 수집한 이 야수
파 화가는 아프리카 예술에 대해 다음과 같이 말
한 바 있다. 선교사들이나 식민지 주둔군들이 대
개 민족지학 또는 인류학 분야로 분류했던 코너
(rayon)에서 이 작품들을 발굴했다고 말이다.
브라크,[13] 마티스, 피카소, 드랭,[14] 로트[15]도 수집
을 했다. 1914년 프란츠 마르크[16]와 바실리 칸딘
스키는 연감『청기사파 *Der Blaue Reiter*』[17]를 출
간한다. 독일 화가 아우구스트 마케[18]가 이 연감
에 가면에 대한 글을 쓴다. 틀링깃족(알래스카
사람들)[19]과 이스터섬[20](태평양) 예술 작품들이
이 글과 함께 선보인다. 마티스는 1906-1907년
에 그린 정물화에 콩고 빌리족[21]의 조각상을 포
함시킨다.

이와 같은 원시적 형태들은 디오니소스적 힘
의 원천이 되며, 고전 예술의 아폴로적 형태들은
한동안 거기에 맞설 수 없게 된다. 제네바에서
활동하던 화가 에밀 르쥔[22]은 1916년 마티스, 드
랭, 피카소의 작품을 전시하기 위해 자신의 아틀
리에를 빌려준다. 흑인예술은 드러나지 않은 새
로운 형식들의 저수지로서 서양 예술사에 편입
되기에 이른다. 물론 이 참신한 형식들에는 동요
하는 세계를 파괴하기 위한 새로운 에너지가 포
함되어 있었다.

마티스는
1906-1907년에 그린
정물화에
콩고 빌리족의
조각상을
포함시킨다.

위 앙리 마티스의 〈조각상이 있는 정물〉, 1906-1907년 작. 콩고
의 빌리족 조각상이 나타난다.
오른쪽 1910년 파리 클리시 대로 11번지 파블로 피카소의 아틀리
에에 있는 기욤 아폴리네르.

왼쪽 1908년 여름, 몽마르트르 에밀 구도 광장 13번지에 있는 자신의 아틀리에 바토 라부아르(그가 1904-1909년까지 점유)에서 이른바 원시예술 조각상에 둘러싸여 있는 파블로 피카소.
오른쪽 모리스 드 블라맹크 컬렉션 중 사하라 사막 이남 아프리카의 여성 조각상 (블롤로의 작품).

9

반동

흑인예술의 유입을 거쳐 구상예술을 추상예술로 이끈 진보적 운동의 영향으로 추상화, 개념화, 이상화, 지성화, 형식주의를 거부하는 이데올로기적 반란이 태동한다. 이 반란은 반동적 예술(art réactionnaire)로 이어진다. 여기에서 반동적 예술이라 함은 마르셀 뒤샹 이전, 하지만 더

이런
미학적
반동을 통해
마르크스－레닌주의
신봉자들과
국가사회주의
신봉자들이
한데
결집한다.

일반적으로는 입체파 그림 이전으로 회귀하고자 하는 예술을 가리킨다. 바야흐로 반동의 시대가 도래한 것이다.

이런 미학적 반동을 통해 마르크스－레닌주의 신봉자들과 국가사회주의 신봉자들이 한데 결집한다. 이는 전혀 놀랄 일이 아니다.

한때 볼셰비키들은 이탈리아 파시스트들과 함께 미래파의 근대성을 공유했다. 1909년 2월 20일자『르 피가로 Le Figaro』지에 실린「미래파 선언 Manifeste du futurisme」에서 이탈리아 파시즘의 동반자인 마리네티[1]가 고전 예술을 백지화시키는 작업을 찬양한 것은 사실이다. 그는 예술의 정수(精髓)인 베네치아를 주차장으로 바꾸고자 했으며, 박물관과 도서관을 파괴하고, 고전 예술 작품을 폐기하고자 했다... 마리네티는 전쟁, 비행기, 엔진, 기계장치, 에너지, 힘, 폭력, 파괴, 제국주의, 군국주의, 식민주의, 남근주의, 잔혹성, 폭력성, 속도, 자동차, 기차를 찬양한다. 레닌의 말을 따라, 사회주의를 소비에트에 전기(電氣)를 더한 것이라고 생각하고, 과거를 백지화하고자 하는 볼셰비키들이 미래파 선언에서 자신들의 후계자들의 모습을 보지 않았다고 누가 말할 수 있겠는가? 1918년, 러시아 미래파는

Conto Corrente colla Posta.

Milano, 11 Febbraio 1910.

IL FUTURISMO

Supplemento alla Rassegna Internazionale " POESIA „ (ANNO QUINTO)

5 Cent.

DIRETTA DA F. T. MARINETTI

UFFICI: VIA SENATO, 2 — MILANO

Cent. **5**

Il 15 febbraio, al Teatro Lirico di Milano

GRANDE SERATA DI POESIA FUTURISTA

Discorsi e declamazioni di versi dei poeti futuristi

F. T. Marinetti, Armando Mazza, Aldo Palazzeschi, G. Pietro Lucini, Libero Altomare, Federico De Maria, Paolo Buzzi, Enrico Cavacchioli

e dei dicitori **Michelangelo Zimolo, Angelo Sodini**

CHE COS'È IL FUTURISMO?

In termini molto semplici, *Futurismo* significa odio del passato.

Noi ci proponiamo infatti di combattere energicamente e di distruggere il culto del passato, ed obbediamo in ciò all'istintivo bisogno di difendere le nostre forze vive, che vogliono liberamente ed interamente esplicarsi prima di estinguersi.

Considerate che il numero dei grandi uomini defunti è quasi infinito: sono eserciti formidabili di genii morti, ormai indiscussi, che accerchiano e schiacciano l'esigua legione dei vivi. — A quelli è per quelli, tutto è concesso; libere le strade, spalancate le porte, profuso il denaro. — I vivi invece, non raccolgono che dileggi, insulti, calunnie, e, spesso, patiscono la fame!

Nella repubblica dell'arte, particolarmente, coloro che difendono ed esaltano i morti, lo fanno per subdola vigliaccheria e per l'invidia che ispirano loro gli uomini *vivi*.

Si uccide un poeta giovane e forte, scaraventandogli addosso la mummia cartacea di un grande poeta morto da cinquant'anni.

Gli editori contano i manoscritti di un genio affamato, per prodigare il loro denaro nella ristampa di capolavori di epoche lontane. I miliardari sprecano somme favolose nella compera di cose che in realtà non hanno altro valore che quello di essere corrose e consunte dal tempo.

Si esumano musiche fredde e soporifere, si accendono aspre contese per vecchie statue insignificanti, o per tele tarlate e annerite, si deturpano le piazze delle città con brutti e costosi monumenti ai soliti morti, mentre tanti ingegni vivi aspettano invano, nel buio di una sordida miseria, il divampare vittorioso delle loro creazioni.

Quando non si può uccidere un giovane con un cadavere esumato, gli si scagliano attraverso le gambe dei vecchi rimbambiti, dei fantocci rispettati o degli stomachevoli opportunisti.

È perciò che noi, in ogni manifestazione di vita, combattiamo brutalmente la venerazione del passato e il rispetto di tutto ciò che è antico.

Disprezziamo e combattiamo i mezzi termini, tutte le forme di obbedienza, di docilità, d'imitazione, i gusti sedentari e chi glorifichiamo invece i nomadi, i refrattari e le grandi belve libere.

Disprezziamo e combattiamo le maggioranze av-

velenate e corrotte dal potere, i rivieti dell'opinione corrente, i luoghi comuni della morale e della filosofia.

Nel campo letterario, propugniamo l'ideale di una grande e forte letteratura scientifica, la quale, libera da qualsiasi classicume, da qualsiasi purismo pedantesco, magnifichi le più recenti scoperte, la nuova ebbrezza della velocità e la vita celeste degli aviatori.

La nostra poesia, è poesia essenzialmente e totalmente ribelle alle forme usate.

Bisogna distruggere i binari del verso, far saltare in aria i ponti delle cose già dette, e lanciare la locomotiva della nostra ispirazione alla ventura, attraverso gli sconfinati campi del Nuovo e del Futuro! Meglio un disastro splendido, che una corsa monotona, quotidianamente ripresa!... Già troppo a lungo furono sopportati i capistazione della poesia, i controllori di strofe-letto e la stupida puntualità degli orari prosodici!...

In politica, siamo tanto lontani dal socialismo internazionalista ed antipatriottico — ignobile esaltazione del ventre — quanto dal conservatorisme pauroso e clericale, simboleggiato dalle pantofole e dallo scaldaletto.

Noi, dunque, esaltiamo il patriottismo e il militarismo. Amiamo ed affrettiamo la guerra, sola igiene del mondo, superba fiammata di entusiasmo e di generosità, nobile bagno di eroismo, senza il quale le razze si addormentano nell'egoismo accidioso, nell'arrivismo economico, nella taccagneria della mente e nell'avvilimento della volontà.

Il nostro Manifesto del Futurismo, pubblicato un anno fa dal *Figaro*, parla anche del « *disprezzo della donna* ». — Con questa formola troppo laconica, noi intendevamo di accennare alla necessità di combattere la tirannia dell'amore, che, specie nei popoli latini, falcia le energie degli uomini di azione.

Combattiamo perciò il rancido sentimentalismo, l'ossessione dell'adulterio e della conquista femminile, nel romanzo, nel teatro, nella vita. Vogliamo insomma sostituire, nelle immaginazioni, alla figura stucchevole del Don Giovanni, quelle violente e dominatrici di Napoleone, di Clemenceau, di Blériot...

Il nostro manifesto esalta, inoltre, il « *gesto distruttore dei libertari* », e molti credono di aver

conciliarsi col patriottismo che noi ugualmente esaltiamo. Senza perderci in lunghe dissertazioni, fastidiose e più o meno filosofiche, ci limitiamo a far considerare anzitutto che la collettività e l'individuo (entità apparentemente contraddittorie) si compenetrano intimamente.

Lo sviluppo della collettività non è infatti che il risultato degli sforzi e delle iniziative particolari. È perciò che la prosperità di una nazione è prodotta dall'antagonismo e dall'emulazione dei molteplici organismi che compongono la nazione stessa. Così, la concorrenza industriale e militare che si stabilisce fra i popoli è un elemento necessario al progresso dell'umanità. Una nazione forte può contenere ad un tempo dei reggimenti ebbri di un patriottico entusiasmo e dei refrattari ansiosi di ribellarsi! Sono, queste, due differenti canalizzazioni dello stesso istinto di coraggio, di potenza e di energia.

Ci si osserva, infine, che v'è una flagrante contraddizione fra il nostro ideale futurista e il nostro elogio della guerra, la quale costituirebbe piuttosto un regresso verso le epoche barbare. Noi rispondiamo che le alte questioni di salute e d'igiene morale debbono necessariamente essere risolte prima di qualsiasi altra. La vita della nazione non è forse simile a quella dell'individuo, che combatte le infezioni e le pletore per mezzo della doccia e del salasso? Anche i popoli, affermiamo noi, devono seguire una costante igiene di eroismo, e concedersi, ad ogni decennio, una gloriosa doccia di sangue. — Ma, soggiungono i nostri avversari, la guerra non vi basta; voi insegnate anche l'incendio dei musei e delle biblioteche!

In realtà non si tratta che d'una immagine violenta della volontà, comune a tutti noi, di sottrarci finalmente all'ossessione del passato, al despotismo delle accademie pedanti, all'impero dei professori, che soffocano le iniziative intellettuali e le forze creatrici della gioventù.

Tutto ciò, naturalmente, contraria ed esaspera le maggioranze; ma noi futuristi, noi, estrema sinistra della letteratura, non possiamo che rallegrarcene, poiché solo temiamo le facili approvazioni e gl'insipidi elogi dei mediocri.

F. T. Marinetti

MANIFESTES
du Mouvement futuriste

1. - **Manifeste du Futurisme** (*Publié par le* Figaro *le 20 Fevrier 1909*) **Marinetti**

2. - **Tuons le Clair de lune** (*Avril 1909*) **Marinetti**

3. - **Manifeste des Peintres futuristes** (*11 Avril 1910*) **Boccioni, Carrà, Russolo, Balla, Severini**

4. - **Contre Venise passéiste** (*27 Avril 1910*) **Marinetti, Boccioni, Carrà, Russolo**

5. - **Manifeste des Musiciens futuristes** (*Mai 1911*) **Pratella**

6. - **Contre l'Espagne passéiste** (*Publié par la revue* Prometeo *de Madrid - Juin 1911*) **Marinetti**

7. - **Manifeste de la Femme futuriste** (*25 Mars 1912*) **Valentine de Saint-Point**

8. - **Manifeste technique de la sculpture futuriste** (*11 Avril 1912*) **Boccioni**

9. - **Manifeste technique de la littérature futuriste** (*11 Mai 1912*) **Marinetti**

10. - **Supplément au Manifeste technique de la littérature futuriste** (*11 Août 1912*) **Marinetti**

11. - **Manifeste futuriste de la Luxure** (*11 Janvier 1913*) **Valentine de Saint-Point**

12. - **L'Art des Bruits** (*11 Mars 1913*) **Russolo**

13. - **L'Imagination sans fils et les Mots en liberté** (*11 Mai 1913*) **Marinetti**

14. - **L'Antitradition futuriste** (*29 Juin 1913*) **Guillaume Apollinaire**

Envoi franco de ces Manifestes
contre mandat de 1 fr.

DIRECTION DU MOUVEMENT FUTURISTE: Corso Venezia, 61 - MILAN

ARCHIVE MIRAM

A. TAVEGGIA - S. MARGHERITA 7 - MILANO

L'ANTITRADITION FUTURISTE

Manifeste=synthèse

ABAS LEP*ominir* A *liminé* SS *korsusu*
otalo EIS *cramlr* ME *nigme*

ce moteur à toutes tendances impressionnisme fauvi-
sme cubisme expressionnisme pathétisme dramatisme
orphisme paroxysme **DYNAMISME PLASTIQUE**
MOTS EN LIBERTÉ **INVENTION DE MOTS**

DESTRUCTION

Suppression de la douleur poétique

Pas

de

regrets

SUPPRESSION DE L'HISTOIRE

des exotismes snobs

de la copie en art

des syntaxes *déjà condamnées par l'usage dans
toutes les langues*

de l'adjectif

de la ponctuation

de l'harmonie typographique

des temps et personnes des verbes

de l'orchestre

de la forme théâtrale

du sublime artiste

du vers et de la strophe

des maisons

de la critique et de la satire

de l'intrigue dans les récits

de l'ennui

INFINITIF

10월 혁명 1주년을 맞아 모스크바와 페트로그라드를 장식했다. 말레비치[2]와 샤갈을 포함한 절대주의자들[3]과 구성주의자들[4]은 새로운 체제에서 활동했다. 1922년부터 마르크스-레닌주의 권력은 리얼리즘의 이름으로 전위예술을 폐기했다. 사회주의 리얼리즘은 1929년에 지배적 사조가 된다.

두 전체주의가 아주 빠르게 유사한 예술을 확립한다. 소비에트 러시아에서의 사회주의 리얼리즘과 제3제국 독일에서의 국가사회주의 리얼리즘이 그것이다.

전체주의 체제들과 미학적 근대성의 동반은 오래가지 못한다. 두 전체주의가 아주 빠르게 유사한 예술을 확립한다. 소비에트 러시아에서의 사회주의 리얼리즘과 제3제국 독일에서의 국가사회주의 리얼리즘이 그것이다. 이 두 리얼리즘은 형식적인 반혁명 속에 구현된 공통의 미학을 공유한다. 나치와 볼셰비키는 노동, 가족, 조국을 찬양한다! 그리고 이런 찬양은 공감하기 쉽고, 단순하고, 서정적이다. 한마디로 말하자면 이해하기 쉽다. 이해하기 아주 쉽다. 이런 찬양은 형식 면에서는 극사실주의적이며, 내용 면에서는 교화적, 즉 사진적이며 이데올로기적이다.

조국을 위해 목숨을 바치는 군인이기도 한 어느 가족의 아버지는 잘생기고, 큰 키에, 힘이 세고, 근육질이며, 건장하고, 기름진 털도 없고, 모두 근육과 에너지로 되어 있다. 그는 그의 의지를 연장시켜 주는 도구와 무기처럼 단단한 몸을 가지고 있다. 이 가족의 어머니는 아름답고, 풍만하고, 완벽한 몸매이다. 그녀는 비대증, 지루함이나 출산의 고통을 모른다. 아이들도 역시 귀엽고, 잘생기고, 환하게 웃는 모습의 전형이다. 이 부부는 들판, 콤바인, 거대한 트랙터의 제어, 또는 제철소의 거대한 파워 해머 작동에서, 또는 주조 공장 바닥에서 모습을 드러낸다. 농업 또는 산업 기계들은 탱크 또는 장갑차처럼 취급된다. 농촌이나 산업 현장은 시름이나 고봉과 아무런 관련이 없다. 국가사회주의와 마르크스-레닌주의의 이중의 관점에서 노동은 사람을 자유롭게 해 준다. 붉은 깃발과 역(逆)만자형 십자가 아래에서 노동은 노동자와 농민의 품위를 만들어낸다. 그런데 화가는 이런 품위를 단순한 이미지의 도움으로 이야기한다. 마치 초등학교에서 착한 학생이 좋은 점수를 얻는 것과 같이 말이다. 영화 미학은 국가 체제를 위한 교화적인 이미지의 생산을 관장한다. 그렇기 때문에 영화가 수천 년의 역사를 가진 예술의 영역을 확장한다는 것은 놀라운 일이 아니다. 레니 리펜슈탈[5]의 영화 〈의지의 승리 Le Triomphe de la volonté〉(1935) 또는 〈경기장의 신들 Les Dieux du stade〉(1938)에서 〈파업 La Grève〉(1925), 〈전함 포템킨 Le

레니 리펜슈탈의 영화 《의지의 승리》(1935)

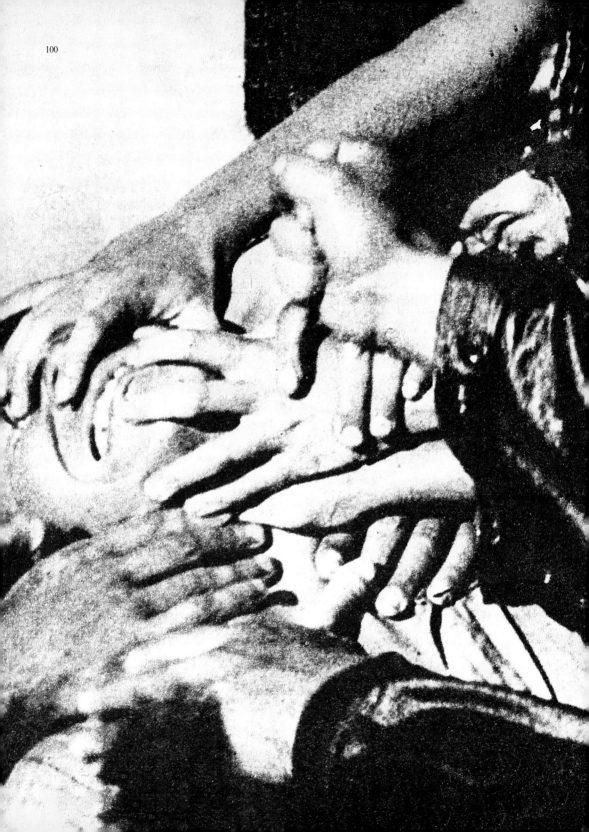

Cuirassé Potemkine〉(1925) 또는 〈일반 노선 La Ligne générale〉(1929)을 촬영한 예이젠시테인의 영화적, 영상적 미학을 공유하는 것도 놀라운 일이 아니다. 심지어 영화에서 국가 체제의 영웅인 군중을 인민보다 더 높게 주권의 모체로서 칭송하고, 노동자와 군인을 거듭난 '새로운 인간(Homme Nouveau)'의 양면으로서 드높인다.

노동자가 군인이 되고, 군인이 전장에서 싸울 때, 그림에는 용기, 용감함, 영웅주의, 용맹, 대담함이 있을 뿐이다. 노동자와 군인은 항상 승리자로 표현되지 결코 패배자로 표현되지 않는다. 이와 같은 미학은 미덕의 학교, 개인이 그 자신의 진실을 발견하는 에너지의 교훈으로 나타나는 전쟁을 칭송한다. 그것은 피와 쏟아진 내장이 없는 전쟁이며, 긴장된 에너지와 불멸의 몸을 묘사할 뿐이다.

이와는 반대로 전쟁의 진실이 이런 전체주의 체제들이 퇴폐로 여기는 예술에서—나치에게는 유대-볼셰비키, 볼셰비키에게는 프티 부르주아—드러나는 것은 놀라운 일이 아니다. 실제로 막스 베크만[6]의 그림에서는 아니라고 해도 오토 딕스[7]나 게오르게 그로츠[8]의 그림에서는 전쟁이 잘 드러나 있다.

그 이후에 예술가들은 구상에서 벗어나 제스처, 파괴, 개념화, 무의식의 해방을 겨냥하는 퍼포먼스[9]의 카타르시스에 자신들의 작품에 대한 관심과 원초적 외침을 일임하게 된다. 빈 행동주의[10]의 주역들인 오토 무엘,[11] 루돌프 슈바르츠코글러,[12] 헤르만 니치[13] 또는 프랑스 바디 아트의 주역들인 미셸 주르니악,[14] 지나 판[15]을 생각하기 바란다.

세르게이 예이젠시테인의 영화 〈파업〉(1925).

세르게이 예이젠시테인의 영화 〈전함 포템킨〉(1925).

세르게이 예이젠시테인의 영화 〈일반 노선〉(1929).

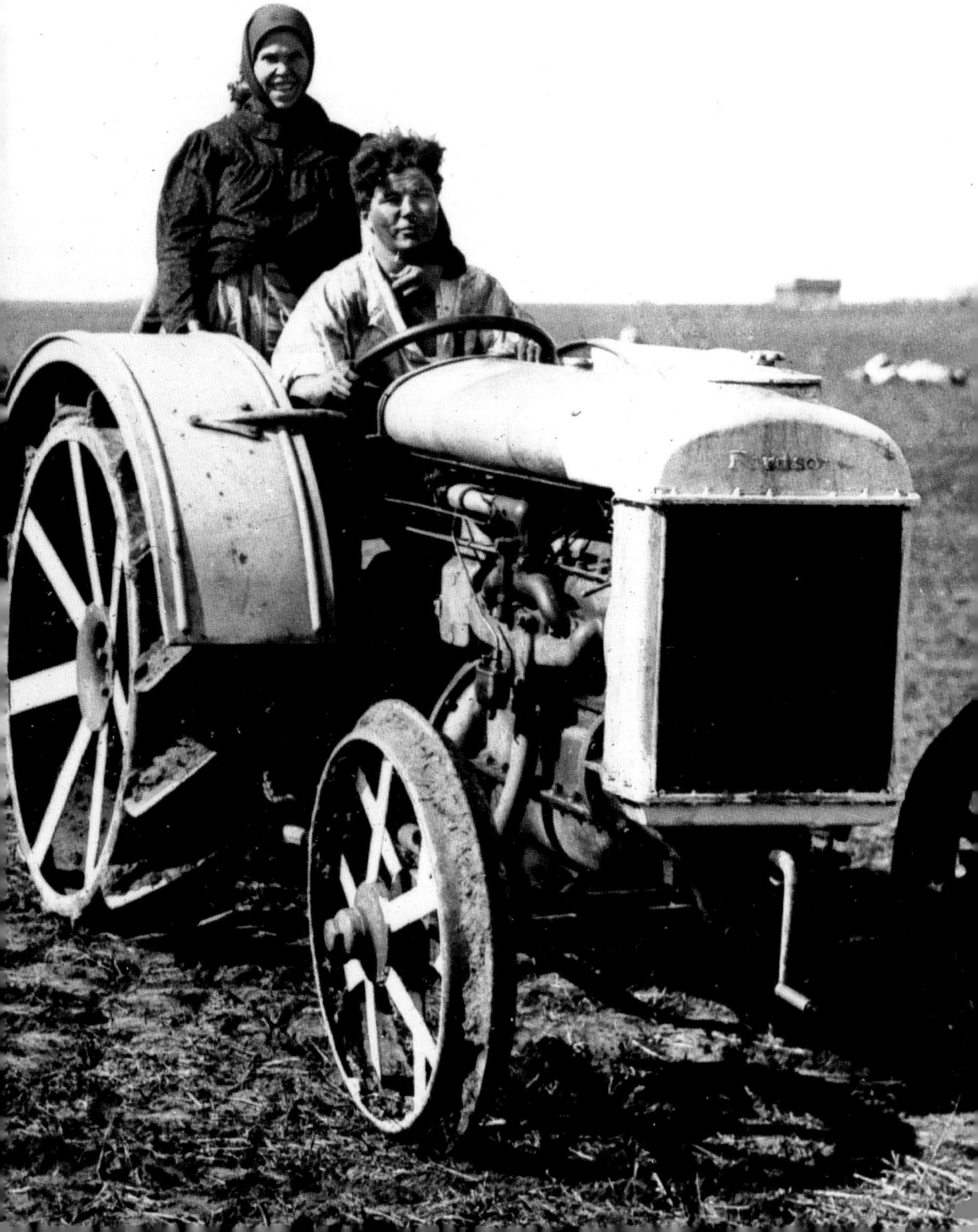

106

왼쪽 레니 리펜슈탈의 영화 〈경기장의 신들〉(1938).
위 오토 딕스, 〈전쟁〉, 1932, 드레스덴, 노이에 마이스터 갤러리.
다음 두 페이지 게오르게 그로츠, 〈생존자〉, 1944, 로스엔젤레스,
더 로버트 고어 리프킨드 컬렉션.

I

음악에서는 협화음, 조화, 대위법이 동일한 해체 과정에 자리를 내준다. 예컨대 프로코피에프,[16] 쇼스타코비치, 브리튼[17]은 제2 빈 악파[18]의 작곡가인 쇤베르크,[19] 베르크[20] 및 베베른[21]에 의해 무대 뒷면으로 물러나게 된다. 1952년 존 케이지가 4분 33초짜리 침묵 콘서트의 막다른 골목과 함께 이 여정을 완수하기 전에, 12음계(dodé-caphonisme)와 이어서 음렬주의[22]가 듣기 좋은 음조와 조화의 분해를 시도한다. 평론가들은 4분 33초라는 지속 시간이 우연히 선택된 것이 아니라고 단언한다. 이 시간은 273초에 해당하며, 그 자체로 섭씨 영하 273도와 관련될 수 있다. 즉, 운동이 더 이상 불가능한 절대 영도인 것이다.

이 침묵의 합산은 어떤 소리도 나올 수 없는 사점(point mort)을 알려 준다.

왼쪽 침묵의 4분 33초 악보, 존 케이지, 재구성 데이비드 튜더, 1989. **위** 오토 무엘, 〈비명에서의 해방〉, 무엘-코무네 AAO, 1975.

112

10

추상화

샤르댕은 물체 위의 빛, 빛 속의 물체, 물체 위의 빛의 효과를 그린다. 하지만 물체는 두드러지고 그 형태 속에 보존된다. 먼저 터너가, 이어서 모네가 테마를 흐리게 처리한다. 그 후 소재를 제거하고 물체를 없앨 것을 제안하는 예술가들이 출현한다. 사진이 화가들로 하여금 빛을 그들이 선호하는 테마로 삼도록 한다. 그때부터 위대한 고대 화가들을 모방하는 것에 만족하지 않고 또 인상주의를 넘어서고자 하는 자들이 '희박화

(raréfication)'[1]의 길로 접어든다. 그림 속의 테마는 점점 줄어들고 있고, 테마를 구실(prétexte)로 변형시키는[2] 그림이 점점 더 많아진다. 이런 생각의 다음 단계는 테마를 완전히 드러내지 않는 것이다. 이것이 바로 '추상화의 시대'가 태어난 방식이다.

　1913년, 칸딘스키는 그의 저서 『과거에 대한 시선 Regard sur le passé』에서 그 자신이 모르는 그림을 자기 집에서 발견했다고 이야기한다. 그런데 그것은 그의 작품 중 하나가 거꾸로 놓인 것이었다... 이 이야기가 사실인지는 확실하지 않지만, 그럴듯하다. 또 예술가의 펜 아래에서 이 이야기는 철학적 진리가 된다. 모네의 건초더미에 경악한 그가 자기 작품 앞에서 굳어 버린 것이다. 이번에는 우연히 그렇게 되었다. 칸딘스키는 나무를 그렸다. 하지만 그 안에서 나무가 더 이상 보이지 않고, 찾을 수 없고, 있는 그대로 식별할 수 없는 이 거꾸로 된 그림은, 기이하게도 그 자체로 의미를 갖는 것으로 드러나는 회화적이고 색채가 풍부한 인공물이 된다. 기표 '나무'와 그것의 미학적 기의의 분리는 하나의 새로운 기의의 생산으로 이어진다. 이 작품이 바로 '추상화'라는 말에 어울리는 첫 번째 작품이다.

다음 단계는
테마를
완전히
드러내지 않는 것이다.
이것이 바로
'추상화의 시대'가
태어난 방식이다.

칸딘스키의 〈풍경〉(1920). 화가 자신도 알아보지 못한 그의 그림이 여기에 거꾸로 전시되어 있다.

한 예로
마치
우연인 것처럼
한 점의 추상적인
예술 작품을
그리기 위해
네거티브를 긁고,
그 위에
데생을 하거나
색칠을 하고,
젤라틴층을
조각하고, 자르고,
손상시키는 것으로
충분했다.

추상화가 하려는 것을 사진은 얻지 못할 것이다. 이것은 분명하다. 현실에 대한 충실한 재현을 포기함으로써 처음부터 존재하고 있는 그대로의 것이기를 중단하는 것을 제외하고 말이다. 한 예로 마치 우연인 것처럼 한 점의 추상 예술 작품을 그리기 위해 네거티브를 긁고, 그 위에 데생을 하거나 색칠을 하고, 젤라틴층을 조각하고, 자르고, 손상시키는 것으로 충분했다. 1934년경 앙리에트 테오도라 마르코비치는 이렇게 〈네거티브에 대한 실험 *Expérimentations sur négatifs*〉을 제작했다. 그녀는 도라 마르라는 또 다른 이름으로도 알려져 있다. 그 무렵 그녀의 유명한 동반자가 된 피카소는 그녀를 모델로 연작을 그리기 시작한다.

이제 추상화는 색을 제스처만큼 찬양하지 않게 된다. 이렇게 해서 조르주 마티외[3]와 그의 서정적 추상화[4] 또는 한스 하르퉁[5]뿐만 아니라 가장 잘 알려진 피에르 술라주[6]는 예술에서 결코 주어진 적이 없었던 '힘'을 제스처에 가미하게 된다. 그들 이전에 제스처는 목적을 위한 수단이었다. 하지만 그들과 더불어 제스처는 이제 목적 그 자체가 된다. 캔버스는 이 제스처의 흔적과 기억을 보존한다. 이것은 그야말로 회화의 디오니소스적 순간이다. 더 이상 테마가 없고, 단지 에너지의 흔적만이 있을 뿐이다. 그런데 이 흔적 자체가 작품이 된다.
이렇게 해서 피에르 술라주는 그의 검은색 단색화 속에 빛을 가두게 된다.

도라 마르, 〈네거티브에 대한 실험〉, 1934. 파리, 퐁피두센터.

116

피에르 술라주, 〈검은색〉, 1985, 파리, 퐁피두센터.

검은색이 그처럼 빛나는 적이 없었고,
암흑이 그토록 번쩍거린 적이 없었으며,
어둠이 그처럼 밝게 빛난 적이 없었다.

이제 추상화는
색을
제스처만큼
찬양하지 않게 된다.
이렇게 해서
조르주 마티외와
그의 서정적 추상화
또는
한스 하르퉁뿐만 아니라
가장 잘 알려진
피에르 술라주는
예술에서 결코
주어진 적이 없었던
'힘'을
제스처에
가미하게 된다.

내 친구인 주느비에브와 로베르 콩바[7] 덕분에 세트[8]에 있는 아틀리에에서 콩바를 만나 어떤 도구로 그림을 그리는지 볼 수 있어 기뻤다. 두 사람의 설계에 따라 지어진 그들 부부의 멋있는 집은 바다 쪽으로 놀라운 전망을 자랑하고 있다. 앞에는 아무것도 없고, 건물은 지중해를 향해 경사진 관목 지대에 놓여 있는 것처럼 보인다. 그의 아틀리에는 지하에 있다. 계단을 통해 내려간다. 그는 그가 백 세나 되는 듯 내 팔에 매달려 계단을 내려갔다. 이 콘크리트 큐브는 빛이 머리 위로 투과되는 흰색 시멘트 벙커이다. 그는 지중해 빛의 변화에 주의가 산만해지는 것을 원치 않는다. 그리고 그는 하늘에서 내려오는 순수한 빛으로 작업하기를 원한다. 그는 그림을 수평으로 놓고 아내와 함께 본다. 그러면 빛이 그의 그림의 흔적 속에서 어떻게, 얼마나 많이 갇혀 있는지가 보인다. 큰 붓, 작은 붓, 갈퀴, 빗, 솔이 그에게 검은색, 그 유명한 울트라블랙[9]을 검은색이 아닌 표면 위에 펼치는 것을 가능케 하는지를 나는 알 수 없다. 왜냐하면 캔버스에는 까다로운 물질, 즉 시선과 주변 조명에 따라 빛을 복원하는 가장 사소한 물질성 속에 있는 그림이 포함되어 있기 때문이다. 검은색이 그처럼 빛나는 적이 없었고, 암흑이 그토록 번쩍거린 적이 없었으며, 어둠이 그처럼 밝게 빛난 적이 없었다. '아름다움'이 아니라 '빛'을 표현하기 위해 모네는 여전히 대성당이나 건초 더미를 필요로 했다. 술라주에 대해 말하자면, 그는 보석상이 금에 다이아몬드를 세팅하는 것처럼 빛을 비추는 그의 검은 안료 외에는 결코 다른 것을 필요로 하지 않는다.

왼쪽 조르주 마티외, 〈검은색 배경에 검은색 초벌칠〉, 1954, 파리, 현대미술관. **다음 페이지** 한스 하르퉁, 〈무제〉, 1963.

126/200

그러면
빛이 그의 그림의
흔적 속에서
어떻게,
얼마나 많이
갇혀 있는지 보인다.
큰 붓, 작은 붓,
갈퀴, 빗, 솔이
그에게 검은색,
그 유명한
울트라블랙을
검은색이 아닌
표면 위에 펼치는 것을
가능케 해 주는지를
나는 알 수 없다.

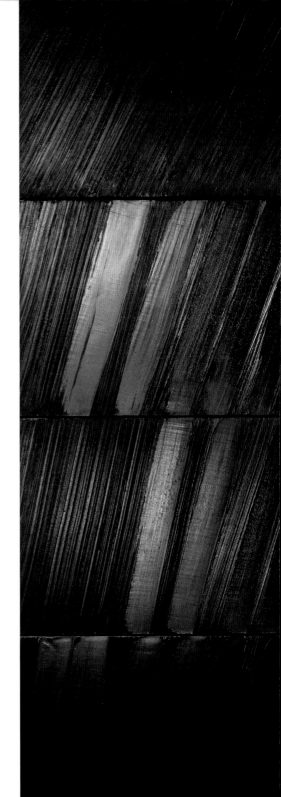

피에르 술라주, 〈폴립티크 G〉, 20세기, 파리, 현대미술관.

11

개념화

개념예술의 시대로 여겨지는 새로운 시대는 추상화 작업을 계속하는 예술가들에게 길을 열어 준다. 테마의 폐기, 구상의 폐기, 이미지의 폐기가 그것이다. 그렇다면 흔적 자체의 폐기는 왜 안 되는가? 이렇듯 추상화는 홀로 현대 예술을 고안해 낸 마르셀 뒤샹과 함께 추상화보다 더 추상적이 된다.

사진은 회화에서 제욱시스의 접근 방법을 폐지하고, 터너는 회화를 사라짐 쪽으로 유도하고, 인상파는 빛을 가장 좋아하는 테마로 복원시키고, 추상파는 색을 지우는 붓을 지우고, 뒤샹은 모든 것을 지우고, 그리고 레오나르도 다 빈치가 그의 『수첩 Carnets』(1487-1508)에서 정립한 원칙으로 돌아간다. 즉, 그림은 "정신적인 것(una cosa mental)"[1]이라는 원칙이 그것이다.

모두 마르셀 뒤샹의 소변기를 알고 있다. 하지만 그 역사와 이유를 말할 수 있는 사람은 거의 없다. 뒤샹의 친구이자 그와 함께 체스를 두곤 했던 발레리오 아다미[2]는 나에게 기이한 이야기를 들려주었다. 내가 그에게 이 미학적 쿠데타, 즉 내 생각에 그 유명한 〈샘 Fontaine〉이 사기였

느냐 아니면 깊이 생각한 미학적 의지였느냐고 물었을 때, 발레리오는 자신도 뒤샹에게 같은 질문을 했는데, 그에 대한 대답으로... 뒤샹이 몸을 일으켜 곧장 그 자리를 떠나 버렸다는 것이다! 그들은 서로 다시는 보지 못했다고 한다. 이 사건에는 이 행동이 서양 예술사에 어떤 결과를 가져올지 상상도 하지 못한 채 속임수와 깊이 숙고된 의지가 뒤섞여 있었을 수도 있다! 뒤샹은 야수파, 입체파, 미래파... 등과 같은 시대정신 속에서 그림을 그리기 시작한다. 그는 탐구에 탐구를 거듭했다. 다다와, 나중에는 초현실주의의 열풍 속에서 그는 첫 번째 레디메이드[3]에 해당하는 〈병걸이 Porte-Bouteilles〉(1914)를 제작하게 된다. 1913년의 〈자전거 바퀴 Roue de bicyclette〉가 더 일찍 제작된 그의 레디메이드라고 종종 말해지기도 한다. 하지만 레디메이드는 예술가에 의해 제시되는 가공된 오브제이다. 마치 하나의 예술 작품처럼 서명 외에는 아무것도 거기에 더하지 않은 있는 그대로 말이다. 이렇듯 레디메이드는 붙여진 이름 이외의 전혀 다른 변형을 거치지 않은 채 구입된 상점에서 전시를 위해 박물관

마르셀 뒤샹, 〈자전거 바퀴〉, 1913.

으로 옮겨진다.

그런데 의자에 고정된 자전거 바퀴는 인공물을 제작하기 위해 뒤샹이 생각하고, 구상하고, 원했던 충돌 프로젝트이다. 그는 바퀴와 의자를 더하고, 하나를 다른 하나에 고정시켜 미학적 복합물, 즉 키메라⁴를 만들었다. 이것은 레디메이드의 정의에 부합하지 않는다.

〈병걸이〉는 철물점에서 구입한 그대로 갤러리에 전시된 것이다. 하찮은 오브제를 작품이 되게끔 한 서명을 제외하고는 처음 모습 그대로다. 왜냐하면, 만일 예술 작품이 정신적인 것이라면, 병걸이는 원래의 기능, 즉 단순히 병들을 비우고 씻은 후 다시 사용하기 전에 말리도록 해 주는 기능에서 벗어나, 예술가의 의지에 의해 갤러리의 배치 속에 자리 잡은 것이기 때문이다. 이것이 바로 창작자가 원하는 대상의 미학적 진리를 이루는 것이다.

뒤샹의 레디메이드 중 가장 잘 알려진 것은 소변기이다. 그런데 이 소변기 역시 소변을 공공장소에서 받아 하수도로 향하게 하는 기능에서 벗어나 있다. 이는 오브제의 미학적 진리를 창조한 예술가의 말에 따른 것이다.

이 유명한 〈샘〉(1917)은 보통 벽에 수직으로 고정되어 있다. 갤러리, 박물관 또는 수집가의 집에서 시작되는 새로운 삶에서 〈샘〉은 아랫부분에 'R. Mut'라는 서명과 함께 받침대 위에 눕혀져 있다.

분명 변기, 비데, 욕조 및 세면대를 만드는 데 사용되는 도기의 선택은 혁신적이다. 예술사에 그렇게 자주 등장하는 고귀한 재료들이 더 이상 문제가 되지 않는다. 자줏빛 물감, 군청색 물감, 금, 대리석, 청동 등은 다른 레디메이드들을 구성하는 병걸이, 빗 또는 삽을 만드는 보통 금속에 자리를 내주었다. 슈티르너⁵와 니체의 독자

〈병걸이〉는
철물점에서
구입한 그대로
갤러리에
전시된 것이다.
하찮은
오브제를
작품이 되게끔 한
서명을
제외하고는
처음 모습
그대로이다.

마르셀 뒤샹, 〈병걸이〉, 1914, 개인 소장.

였던 뒤샹(1915년 프랑스를 떠날 때 그는 슈티르너의 『유일자와 그의 소유 *L'Unique et sa propriété*』와 니체의 『차라투스트라는 이렇게 말했다 *Ainsi parlait Zarathoustra*』를 가지고 간다)은 자아(Moi)를 모든 것에 대한 후기 기독교적 척도로 만든다.

1960년 조르주 샤르보니에[6]와의 인터뷰에서 뒤샹은 이렇게 말한 바 있다. "내 생각으로 그림은 예술가만큼이나 보는 사람에 의해 만들어집니다." 하지만 정곡을 찌르고 있는 이 말은 해를 끼치는 주장이 되어 버렸다. "그림을 만드는 것은 보는 사람이다." 이것은 분명 뒤샹이 한 말이 아니다! 그는 관객과 예술가가 각자 작품 창작의 여정에 참여한다고 단언한 것이다. 예술가는 작품을 제시하고, 관객은 이를 유효하게 만든다. 어쨌든 뒤샹은 자신의 작품들은 당연히 보는 자들-예술가들에 의해 만들어질 수밖에 없다는 것을 상상하면서 낙관적인 태도를 보인다... 그렇지 않은 사람들과 함께라면 어떤 생각을 할 수 있을까?

이 성공적인 미학적 쿠데타로 뒤샹은 서양 예술사를 두 부분으로 나누었다. 20세기 초기의 가장 중요한 허무주의적 순간 중 하나인 제1차 세계대전 중에 레디메이드가 빛을 본 것은 놀라운 일이 아니다. 동시대의 지적, 존재론적, 영적, 도덕적, 정치적, 문명적 혼돈 속에서 뒤샹은 '예술가-철학자'와 '관객-예술가'라는 혁명적 쌍의 힘을 정립한다. 뛰어넘어야 할 벽의 높이가 아주 높았다...

위생 도기의 사용 전에 또 다른 혁명, 즉 소재의 혁명이 있었다. 뒤샹은 그의 아틀리에에 있는 유리 접시에 먼지가 쌓이도록 방치한다. 만 레이[7]는 그 결과를 〈먼지 배양 *Élevage de poussière*〉(1920)이라는 제목의 사진으로 촬영했다.

이제 모든 물질이 예술 작품의 소재가 될 수

이 성공적인 미학적 쿠데타로 뒤샹은 서양 예술사를 두 부분으로 나누었다. 20세기 초기의 가장 중요한 허무주의적 순간 중 하나인 제1차 세계대전 중에 레디메이드가 빛을 본 것은 놀라운 일이 아니다.

마르셀 뒤샹, 〈샘〉, 1964년(1917년 R. Mutt라고 서명된 원본의 복제품), 밀라노, 슈바르츠 갤러리옹으로 제작.

있다. 도기와 먼지 외에도 널빤지, 종이, 끈, 모 래(피카소), 시멘트(타피에스[8]), 천(아르테 포베 라[9]), 포스터(앵스,[10] 빌레글레[11])뿐만 아니라, 또 한 신체 물질들—음식물 쓰레기(스포에리[12]), 혈 액(주르니악), 소변(세라노[13]), 대변(만초니[14]) — 또는 신체(빈 행동주의자들) 등도 포함된다.

퍼포먼스에서는 연극, 춤, 노래, 음악, 원초적 외침, 무대 미술, 웅변, 낭독, 안무 등이 혼합되 어 관객에게 메시지가 전달된다. 〈몸을 위한 미 사 *Messe pour un corps*〉(1969)에서 미셸 주르 니악은 피로 인간 소시지를 만들고, 이 소시지를 면병(麵餅)[15]으로 나눠줌으로써 기독교 성찬을 패러디하며, 〈슈트 *Shoot*〉(1971)에서 크리스 버 든[16]은 총을 자기 몸에 쏘고, 〈마취되지 않은 등

반 *Action Escalade non anesthésiée*〉(1971)에서 지나 판은 가로대가 강철로 된 칼날인 금속 프레 임을 맨발로 오르는 등이다. 예술가는 매번 메시 지를 무대 미술로 보여 준다. 주르니악의 신성과 예술 사이의 연결, 미국의 베트남 전쟁 중 죽음 의 무작위성, 지나 판의 고통 속의 구원 등의 메 시지가 그것이다.

소재는 물질에 국한될 이유가 전혀 없다. 비 (非)물질 또한 예술을 위한 소재가 된다. 빛, 소 리(자발적 소음), 소음(비자발적 소리), 침묵, 바 람 등등... 하지만 이런 비물질적 요소는 당연히

왼쪽 피에로 만초니, 〈예술가의 똥〉, 1961, 밀라노, 노베첸토 박물 관. **위** 미셸 주르니악, 〈몸을 위한 미사〉, 1969, 파리, 퐁피두센터.

위 다니엘 스포에리, 〈헝가리식 식사〉, 20세기, 파리, 퐁피두센터.
다음 두 페이지 만 레이, 〈먼지 배양〉, 20세기, 파리, 퐁피두센터.

이제 모든 물질이
예술 작품의 소재가 될 수 있다.

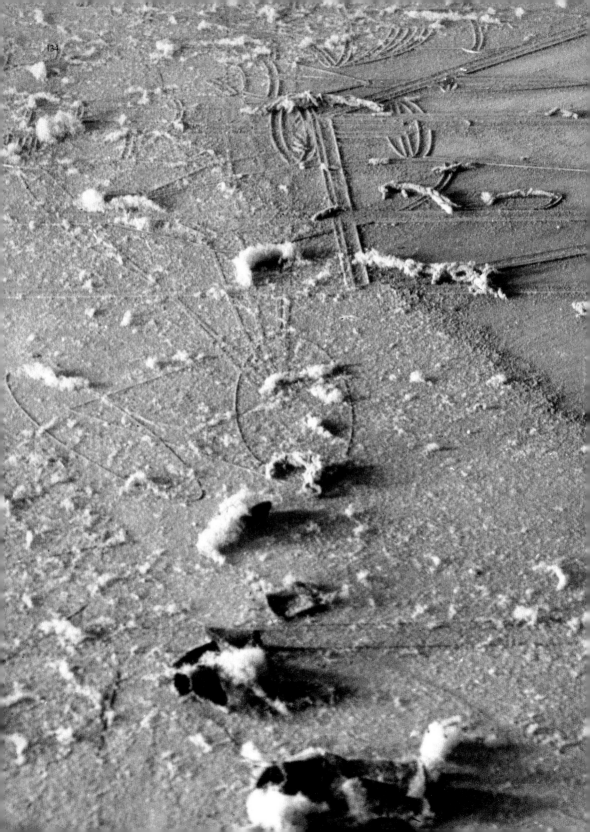

134

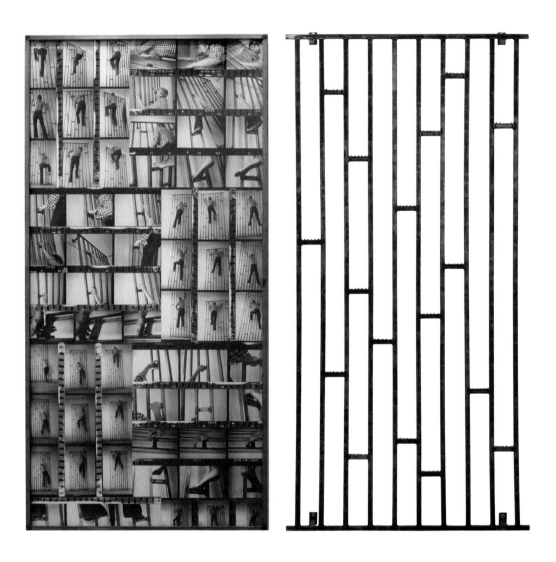

지나 판, 〈마취되지 않은 등반〉, 20세기, 파리, 퐁피두센터.

가시적이고 지각될 수 있고 감각되는 상태로 남아 있다.

개념예술은 예술가의 의도 속에서만 존재할 뿐인 몇몇... 작품에서 작품의 소멸을 완성한다. 예컨대 1968년 코번트리[17]에서 시작된 "예술과 언어" 그룹[18]은 있을 수 있는 작품에 대한 대화가 그 어떤 다른 흔적도 남길 필요 없이 작품을 구성한다고 생각했다. 이런 노선은 철학의 죽음과 같은 방식으로 헤겔의 주제인 '예술의 죽음'[19]으로 이어진다. 역설적이게도 예술사의 한 시기에 예술 작품을 구성하고, 실현하고, 완성하기 위해 의도를 가지고 예술 작품을 구성하는 데 필요한 물체, 흔적, 인공물, 기호, 기표에 관련된 질문을 중심으로 긴 토론이 이루어졌다. 이성의 간계, 예술의 죽음은 이렇게 해서 예술의 존재와 생명력을 증명했다...

이것은 예술의 죽음이라기보다는 예술과 대중과의 관계의 죽음이었다. 이런 종류의 퍼포먼스, 작품, 행위들과 더불어 현대 예술은 탁월한 엘리트적, 엘리트주의적, 귀족적 활동이 되었고, 이런 장르의 작품들이 전시된 장소에 열성적인 헌신을 보이지 않는 사람에게는 누구라도 거리를 두게 되었다. 속물주의, 냉소주의, 코미디는 지구상의 큰 도시에서 열릴 수 있는 베르뒤랭 부인의 살롱[20]과 같은 장소나 군청 단위의 소규모 프렌치 디너에서 많은 대화의 주제가 되었다.

해체주의 철학, 정신분석 일반에서 차용된 것이든, 아니면 융의 담배 연기와 특히 라캉의 망상, 구조주의의 무신론적 신학, 용어집을 생성하는 환각 물질 아래에서 저술된 텍스트에서 차용된 것이든 간에, 모호한 예술에 대한 담론의 확산이 있다. 그런데 이 모든 담론은 현대 예술을 소수 특권층(happy few)을 위한 활동으로 만드는 데 상당한 역할을 했다. 더 명확하게 말하자면, 종파적 활동이다.

예술가는
메시지를
무대 미술로 보여 준다.
주르니악의
신성과 예술의 연결,
미국의
베트남 전쟁 중
죽음의 무작위성,
지나 판의
고통 속의 구원 등의
메시지가
그것이다.

12

도상

뒤샹은 현대 예술의 다양한 가능성을 열어젖혔다. 그가 여러 다른 유파 중에서 개념예술, 미니멀 아트, 아르테 포베라, 이트 아트(eat art),[1] 바디 아트, 플럭서스,[2] 설치, 퍼포먼스를 창안한 것은 사실이다. 하지만 그렇다고 해서 그가 회화를 낡은 것으로 만들어 버린 것은 아니다.

뒤샹으로 이어지는 혈통은 세잔과 입체파에서 유래하고, 또 여전히 현실을 형상화할 수 있다고 믿는 혈통과 공존한다. 살바도르 달리를 생각하든 이브 탕기[3]를 생각하든, 초현실주의는 순전히 상상적인 것으로 드러나는 길을 제안한다. 개념적인 것이 모든 흔적을 지우는 것을 겨냥하는 지점에서, 도상[4] 시대의 화가들은 상상력, 상상, 꿈, 자발적이거나 또는 약물에 의한 환각을 동원해서 회화의 영속성을 보장한다. 회화에서 여러 유파의 종말이 운위되는 이 시기에―선사시대에는 하나의 유파가 수천 년 동안 지속될 수 있었지만, 20세기에는 전시회가 열리는 기간 동안 또는 몇 주 동안만 존재할 수도 있다...―, 항상 '아름다움'이나 '미'를 생산해 낸다는 생각에 무관심하고, 또 이런 생각과 어떤 관계를 유지하는 데도 무관심한 예술가는, 그 자신이 세계를 보는 방식을 보여 주는 도상을 그린다. 그의 스타일은 그의 담론, 내용, 형식이다.

20세기의 가장 영향력 있는 화가인 피카소를 생각해보자. 그의 1907년 작 〈아비뇽의 처녀들 *Demoiselles d'Avignon*〉은 그 시대와 그 이후 시대를 압도한다. 이 작품은 바르셀로나의 아비뇨가(街)(rue d'Avinyo)에 있는 매춘부들을 그린 것이다. 그런데 그가 아비뇽에서 가상의 젊은 처녀들을 재현하는 방식(이 그림은 처음에 〈아비뇨의 창녀촌 *Le Bordel d'Avinyo*〉이라고 불렸고, 이 그림을 구입한 상인은 이 제목을 거부했다...)은, 여전히 현실을 그릴 수 있고 또 형상화할 수 있다는 것, 즉 현실에 형상을 줄 수 있다는 사실을 보여 준다. 그때 피카소는 이렇게 말했다. "나는 내가 보는 것이 아니라 내가 생각하는 것을 그린다."

뒤샹과 그의 추종자들은 도상파괴적 교착 상

파블로 피카소, 〈아비뇽의 처녀들〉, 1907, 뉴욕, MoMA.

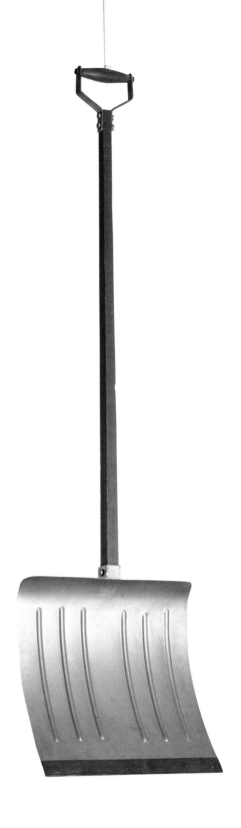

태에 빠진다. 하지만 피카소와 그의 추종자들은 도상애호가적 전통을 계속 구현한다. 소변기, 병걸이, 삽, 빗 등과 같은 뒤샹의 레디메이드가 화가들이 걸작을 그리는 것을 방해하지 않는다. 예컨대 〈병걸이〉가 제작된 1914년에 마티스는 〈금붕어와 팔레트 *Poissons rouges et palette*〉를 그리고, 〈샘〉이 제작된 1917년에 페르낭 레제[5]는 〈카드놀이 *La Partie de cartes*〉를 내놓고, 눈삽, 즉 〈부러진 팔에 앞서 *En avance du bras cassé*〉가 제작된 1915년에 키리코[6]는 〈예언자 *Le Vaticinateur*〉를 그리고, 〈빗 *Peigne*〉이 제작된 1916년에 모딜리아니[7]는 〈앉아 있는 누드 *Nu assis*〉를 그린다...

많은 화가들이 자신만의 그림을 계속 그렸다. 20세기 미술사에서 한 편의 대작이 이 사실을 증명해 준다. 질 아이요,[8] 에두아르도 아로요,[9] 안토니오 레칼카티[10]가 1965년 공동으로 그린 〈사느냐 죽느냐 또는 마르셀 뒤샹의 비극적 최후 *Vivre et laisser mourir ou la fin tragique de Marcel Duchamp*〉(이 책의 146-147쪽 참조)가 그것이다. 제라르 프로망제, 프랑시스 비라,[11] 파비오 리에티[12]는 크뢰즈 갤러리[13]에서 열린 "현대 미술의 서술적 구상전"[14]의 일환으로 전시된 8개의 캔버스로 구성된 폴립티크[15] 작업에 참여한다. 뒤샹은 이 그림을 좋아했을 것이다... 10미터 길이의 이 그림은 현재 마드리드의 소피아 왕비 미술관[16]에 소장되어 있다.

이 8개의 캔버스를 왼쪽에서 오른쪽으로 모두 읽고자 하는 것은, 이 작품을 하나의 미학적 선언—나는 이 선언을 '도상에 대한 도상적 선언'[17]이라고 할 것이다—으로 만드는 화가들의 서술

왼쪽 페이지 마르셀 뒤샹, 〈부러진 팔에 앞서〉, 20세기, 개인 소장. **오른쪽 페이지** 조르조 데 키리코, 〈예언자〉, 1915, 뉴욕, MoMA. **다음 두 쪽** 페르낭 레제, 〈카드놀이〉, 1917, 오테를로, 크뢸러-뮐러 미술관.

앙리 마티스, 〈금붕어와 팔레트〉, 1914, 파리, 퐁피두센터.

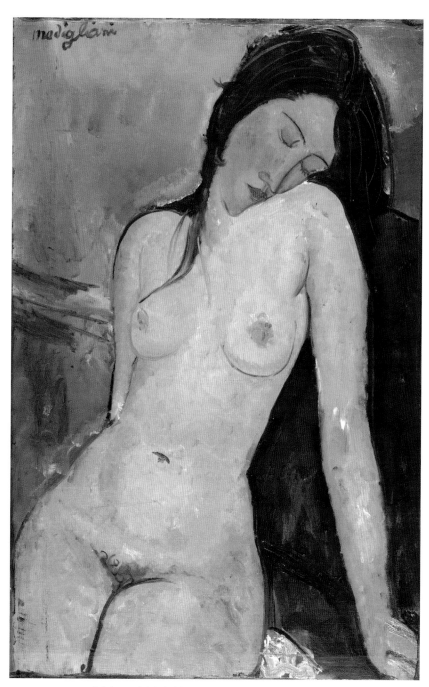

아메데오 모딜리아니, 〈앉아 있는 누드〉, 1916, 런던, 코톨드 갤러리.

적 의도를 따르는 것이다.

첫 번째 캔버스는 1912년 1월에 그려진 마르셀 뒤샹의 〈계단을 내려가는 누드 *Nu descendant un escalier*〉를 모사한 것이다. 뒤샹의 이 작품은 스캔들을 일으켰다. 하지만 뉴욕에서 이 작품은 그의 국제적 명성의 시작을 알렸다. 이 작품은 미래주의뿐만 아니라 또한 역설적으로 역동성을 포착하는 일련의 부동으로 운동을 분해하게 해 주는 동체(動體) 사진술에서 기인한다. 글레즈,[18] 메쳉제,[19] 르 포코니에,[20] 레제는 살롱 데쟁데팡당[21]에서 이 그림을 거부했다. 충분히 입체파스럽지 않았던 것이다! 사람들은 뒤샹에게 제목을 바꿀 것을 요청했다. 그는 이를 거절했다. 이와 같은 실망이 중요한 역할을 하게 된다. 프랑스인들이 받아들이길 원치 않았던 작품을 미국인들은 받아들이고 또 그것을 대작으로 승화시키게 된다...

첫 번째 캔버스와 대조되는 두 번째 캔버스는 계단을 내려가는 벌거벗은 여자가 아니라 계단을 오르는 옷을 입은 남자를 보여 준다. 이 남자는 뒤에서 그려진 뒤샹이다. 뒤샹이 인물을 변형

하고 분해하는 것처럼, 익살스러운 화가들은 그를 재형상화하고 재구성한다. 이 계단의 모든 요소, 난간과 칸살, 디딤판과 챌면, 마감재 및 고무모서리가 극도로 사실적인 방식으로 묘사되어 있다. 뒤샹의 신발, 양말, 양복, 셔츠 깃, 머리, 손도 마찬가지다.

세 번째 캔버스는 핑크빛 셔츠를 입은 한 동료가 입에 담배를 물고 뒤샹을 붙잡고, 그동안에 파란 셔츠를 입은 다른 동료가 뒤샹을 때리는 장면이다. 이 세 명 뒤에 있는 또 다른 남자는 선글라스를 끼고 검은색 양복에 넥타이를 매고 있다. 이것은 아이요, 아로요 및 레칼카티의 자화상이다.

네 번째 캔버스는 뒤샹의 상징적인 작품 중 하나인 그의 소변기를 파괴한 것이다. 그것은 박물관에서처럼 도상적인 방식으로 평면 위에 전시되어 있는 것이 아니라, 내가 위생적이고 아이러니컬하다고 부르는 방식으로 벽에 고정되어 있다. 처음에는 오줌을 모으기 위한 하찮은 작품이었지만, 뒤샹의 개념적 변형 덕분으로 예술작품이 된 이 작품은 다시 내재적으로 예전에 있었던 것, 즉 오줌을 모으는 하찮은 작품이 된다. 일단 이런 식으로 그려진 〈샘〉은 원래 모습을 되찾는다.

게다가 이 원래 모습은 뒤샹이 변형시킨 후에도 결코 사라지지 않는다. 이것은 그야말로 남자용 소변기다! 우리는 여기에서 회화의 변형적인 힘을 측정한다. 회화는 단지 개념을 이미지로 형상화함으로써 개념을 탈신성화시킨다. 나는 이 고정 장치가 위생적이고 아이러니컬하다고 말했다. 우선 위생적이다. 왜냐하면 이 고정 장치가 타일로 된 벽에 고정되어 배뇨를 받을 준비가 된 것처럼 보이기 때문이다. 그 다음으로 아이러니컬하다. 왜냐하면 있는 그대로 놓인, 즉 미술관에 전시되었던 방식에 따라 평상시에는 물을 유도해 소변을 배출하는 파이프의 입구 구멍이 오줌을 누는 사람의 바지 앞쪽 트인 곳으로 이어지기 때문이다. 그러니까 여기에 '물 뿌리다 물 맞기' 테마에 대한 변형이 있는 것이다. 일단 이런 식으로 그려진 개념적 도상은 분변학적 힘을 가진 이미지가 된다. 이 작품은 또한 개념적으로 보는 사람에게 많은 생각을 품게 하지만, 역시 개념적인 이미지를 통해 그렇다.

다섯 번째 캔버스에서는 뒤샹이 안락의자에 주저앉아 바닥을 바라보며, 세 번째 캔버스에서 받은 타격으로 힘이 빠져 있는 모습을 볼 수 있

다... 공범자들 중 두 명은 캔버스 배경에서 토론을 하는 중이다. 전경에 있는 세 번째 사람은 피고인을 눈으로 심문하고 있다. 밀담이 진행 중이다. 뒤샹을 어떻게 할까? 끝에서 두 번째 캔버스는 8개의 처소를 포함하고 있는 십자가의 길 중 다섯 번째 처소[22]에서 그의 살해가 결정된 것을 알려 준다.

여섯 번째 캔버스는 뒤샹의 또 다른 상징적 작품인 〈큰 유리 또는 독신들이 벌거벗긴 신부, 심지어 *Grand verre ou la Mariée mise à nu par ses célibataires, même*〉를 재현한 것이다. 이 작품은 1933년 실수로 부서졌지만, 뒤샹은 이 파편들을 보관했다가 다시 통합시켰다. 그는 1934년 〈초록 상자 *La Boîte verte*〉에 대한 텍스트에서 그것에 대해 설명하고 있다. 하지만 그가 이 작품에 대해 말한 내용은 그가 보여 주는 것을 모호하게 만든다. 두 번째 설명에서 그는 이미 복잡한 것을 더욱 복잡하게 만든다... 해석의 다양성은 모든 해석의 종말을 보여 준다.[23] 이 작품은

질 아이요, 에두아르도 아로요, 안토니오 레칼카티. 제라르 프로망제, 프랑시스 비라, 파비오 리에티, 〈사느냐 죽느냐 또는 마르셀 뒤샹의 비극적 최후〉, 1965, 마드리드. 소피아 여왕 미술관.

기의가 없는 순수한 기표처럼 보인다. 퐁피두센터의 한 예술 관계자는 최근 그 신부가 성모 마리아이고, 그것이 대리모에 대한 알레고리이자 대리모 임신(GPA)[24]에 대한 찬양이었다고 추측했다... 실제로 여기에서 보는 사람이 그림을 가장 멋지게 만들기도 하지만, 종종 가장 나쁘게 만들기도 하는 하나의 사례를 볼 수 있다!

일곱 번째 캔버스는 우리를 두 번째 캔버스에서 뒤샹이 올랐던 계단의 형상 속에 다시 위치시킨다. 하지만 이번에 예술가는 계단 위에서 자신들의 범죄를 관망하는 세 명의 동료에 의해 계단 아래로 떠밀려 떨어진다. 뒤샹은 알몸이다. 우리는 이 누드도 계단을 내려왔다고 말할 것이다... 우리는 세 번째 캔버스에서 구타하고, 다섯 번째 캔버스에서 밀담을 나눈 후, 화가들이 회화의 암살자[25]를 암살하려 했다는 것을 이해한다. 고도의 변증법적 작업이다!

여덟 번째이자 마지막 캔버스는 구름이 지나가는 푸른 하늘 아래 성조기에 덮인 뒤샹의 관을 보여 준다. 노르망디에서 태어나고 그곳에 묻힌 예술가가 미국 시장에서 만들어졌고, 요청되었고, 생산된 예술가라는 것을 이보다 더 잘 보여 줄 수 없다. 그러므로 적어도 이 그림에서 관을 묶은 줄을 잡은 예술가들에 의해 살해된 것은 바로 미국 시장이다. 앤디 워홀, 피에르 레스타니,[26] 로버트 라우션버그,[27] 아르망,[28] 클라스 올든버그,[29] 마르시알 레이스[30] 등이 그 예술가들이다.

이 그림은 뒤샹과 뒤샹주의자들이 회화를 죽이는 데 실패했음을 보여 준다. 이 그림은 인간들만큼 오래된 이 기법의 서술적 전능함을 확인함으로써 역으로 뒤샹을 죽이고 있다.

퐁피두센터의
한 예술 관계자는
최근
그 신부가
성모 마리아이고,
그것이
대리모에 대한
알레고리이자
대리모 임신에 대한
찬양이었다고
추측했다...

마르셀 뒤샹, 〈독신들이 벌거벗긴 신부, 심지어〉, 1934, 개인 소장.

150

13

스펙터클

현대 예술은 시장에 의해 드러난 한 줌의 나무들에 의해 종종 가려져 있는 숲이다.[1] 분명 예술가는 권력자들이나 부자들에게서 주문을 받아 비교적 넉넉히 살았다. 천 년 동안은 교황들, 왕들, 교회의 지도자들이 그에게 작품을 주문했다. 르네상스 시기의 이탈리아나 플랑드르 유파가 활동했던 네덜란드에서는 근대 자본주의로 이행하면서 부를 축적한 자들이 그에게 그림을 주문했다. 오늘날에는 러시아 또는 중국 마피아들, 산유국 국왕들 또는 부유한 무역상들, 쇼비즈[2]의 스타들, 자기들에게 아주 유리하게 행동하는 후원자 덕분에 더러운 돈을 투자하고 세탁하고 고수익 거래를 하는 막대한 재산을 가진 기업의 수장들과 같은 아주 부유한 사람들이 예술가에게 작품을 주문한다.

하지만 아기를 목욕물과 함께 버릴 수는 없는 노릇이다. 샤를 5세[3]가 티치아노[4]에게 연금을 지급하고, 또 그에게 궁정 화가가 되어 달라고 요청했다고 해서 그의 그림을 폄하해서는 안 된다(그가 황제의 초상화를 그리던 날 그의 붓이 떨어졌을 때, 황제는 몸소 붓을 집어 그에게 주었다. 이렇게 하면서 황제는 진짜 위계질서를 보여 주었다...[5]) 현대 예술 작품이 이런저런 사람에 의해

구입되고, 다른 곳이 아닌 이곳에 전시되고, 억만장자에 의해 수집되거나, 마피아에 의해 인수되었다고 해서 그것을 버리면 안 된다. 예술 시장은 보아뱀처럼 현대 예술을 질식시킨다. 하지만 시장을 개탄해야 하는 곳에서 예술을 비난해서는 안 된다. 그 결과 시장은 그 자체의 이익에 따라 현대 예술의 일부 문제를 드러낸다는 이유로 현대 예술 전체를 폄하한다고 비난받을 수 있다.

군주들과 왕들이 그들의 이데올로기를 전파하기 위해 예술을 이용했거나(유대-기독교 카이사르-교황주의), 또는 선사시대 사람들이 숨겨져 있던 세계에 대한 비전을 표현한 것과 같은 방식으로(어원적으로 세계의 질서를 의미하는 우주(cosmos)[6]와의 가능한 연결...), 현대 예술은 시대를, 이 예술이 유행하는 시대를 온전히 표현한다. 크림과 거품[7] 모두를 말이다.

예술에서 긴 시기에 걸쳐 있는 하나의 사조가 여러 짧은 시퀀스에 자리를 내주는 것과는 달리, 이 여러 짧은 시퀀스에서는 모든 것과 모든 것에 반대되는 것이 드러난다.[8] 달리 말해 최고로 좋은 작품과 그렇지 못한 작품, 천재적인 작품들과

형편없는 그림들, 역사가 인정하게 될 작품들과 역사가 휩쓸어 가 버릴 작품들이 말이다.

이런 상황에서 갤러리스트, 수집가, 전문 예술 잡지, 시장, 국내 또는 국제 박람회가 주장하는 것과 상관없이 옥석(좋은 작품과 그렇지 못한 작품)을 가리기 위해 비평 작업이 이루어져야 한다.

한 소설가가 이런저런 출판사에서 소설을 출간하고, 또 그의 소설이 베스트셀러가 되었다고 해서(십만 부, 백만 부, 천만 부가 팔렸다고 해서) 그가 위대한 작가인 것은 아니다. 어쨌든 그가 잘 팔리는 엉터리 소설을 썼다고 하자. 이것은 결코 그의 모든 소설이 폐기되어야 한다는 증거가 아니라, 오히려 그런 좋지 못한 소설들이 폐기되어야 한다는 증거이다.

제도를 통해 권위를 얻고, 또 제프 쿤스, 매튜 바니,[9] 데미언 허스트,[10] 무라카미,[11] 카푸어[12]와 이들의 파당에 의해 영향력 있는 장소에 전시된 현대 예술 작품들도 마찬가지다. 저속한 행위예술가들, 시각예술가들, 설치예술가들, 개념예술가들(이들의 작품은 소위 진보주의자들에게는 모두 훌륭하고, 소위 반동주의자나 보수주의자들에게는 모두 훌륭하지 못하다...)과 화가들(이들의 작품은 소위 반동주의자들이나 보수주의자들에게는 모두 훌륭하고, 소위 진보주의자들에게는 모두 훌륭하지 못하다...)을 대조시키는 것이 중요한 것이 아니다. 중요한 것은 오히려 뒤상적이든 도상적이든 질적으로 훌륭한 작품들을 그렇지 못한 작품들과 대조시키는 것이다! 질이 떨어지는 그림보다는 오히려 훌륭한 설치 예술이, 질이 낮은 설치 예술보다는 훌륭한 그림이 더 선호될 것이다. 이것은 완전히 상식적인 지적이다...

그렇다면 훌륭한 작품을 어떻게 구분하는가? 훌륭한 작품은 두 개의 힘을 균형 잡히게 한다. 조형적 형태와 메시지의 힘이 그것이다. 보이는 것은 마음을 사로잡고, 말하는 것은 설득시킨다. 이렇듯 '아름다움'이 항상 쟁점이 되는 것은 아니다. 다시 한번 말하지만 핵심은 '의미'이다. '무엇이 말해지고 있는가?' 그리고 그것이 어떻게 말해지는가?'

독일 예술가 한스 하케[13]는 베를린 몰락 이후 구(舊)동독 예술의 상품화 문제를 〈이제 자유는 단지 몇 푼의 동전으로 지원될 것이다 *La liberté sera maintenant sponsorisée, simplement en petite monnaie*〉(1990)라는 작품으로 표현했다. 이 예술가는 〈게르마니아 *Germania*〉(1993)라는 제목의 작품에서 나치 독일 때(1934)부터 있던 베네치아 비엔날레 독일관의 바닥을 파괴했다. 이는 증오 시대의 토대를 무너뜨릴 필요성을 보여 주기 위해서였다. 두 작품에서 모두 조형적 흔적과 형태가 연결됨과 동시에 연설의 힘, 파시스트적 전체주의나 상인에 대한 비판이 전달된다. 피에르 부르디외[14]가 하케와의 대화 내용을 담은 한 권의 저서[15]에서 이 예술가의 작업을 지성적으로 따라가고 있는 것은 놀라운 일이 아니다.

세계 시장은 일차원적이고 상호 교환가능한 소비자들로 변한 개인들이 살아가는 획일적인 지구를 만드는 것을 목표로 삼는 세계화의 이데올로기를 촉진한다. 이런 관점에서 강제로 거주지를 지정하는 것은 무엇이든 비난의 대상이 될 수 있다. 왜냐하면 이런 세계를 만드는 자들은 사고팔 수 있는 모든 것, 즉 음식과 지적 자산, 지성과 여가, 섹스와 포르노, 정자와 배우자, 장기(臟器)와 어린이, 아이디어와 노동력, 집과 자동차, 대화와 만남을 사고파는 연결된 유목민들(nomades)[16]을 원하기 때문이다. 모든 것, 절대적으로 모든 것이 사고파는 행위의 대상이다. 중요한 것은 세계를 상품화하는 것이기 때문이다.

지구상의 재산은 투자되기 마련이다. 예술은

152

한스 하케, 〈게르마니아〉, 1993, 베네치아, 베네치아 비엔날레,
독일관.

외설적인 방법으로[17] 수익을 올릴 수 있는 좋은 방법이다. 억만장자는 예술 작품을 구매한다. 사람들은 그가 예술 작품을 구매했다는 것을 안다. 그는 상품의 구매에 영향을 주는 전문가이기 때문에 사람들은 그를 따라 구입하고자 한다. 작품이 한정판이거나 또는 유일하기 때문에, 공급이 한정되고 줄어들어 수요가 증가하면 당연히 가치가 창출된다. 희소성으로 인해 발생한 가치는 가격 상승을 낳는다. 억만 장자가 구매했던 작품을 재판매하기를 원한다면, 그가 작품을 구매했다는 단순한 이유만으로도 그는 엄청난 이익을 얻게 된다. 그러니까 그는 퍼포먼스를 하는 방식으로 부자가 되는 것이다. 즉, 그는 돈을 창출하고, 몇몇 예술가들, 즉 그가 구입한 작품의 예술가들을 이용하는 것이다. 마치 화폐를 발행하는 것처럼 말이다!

수집가들로 구성된 클럽, 예술가들이 자신들의 작품을 정기적으로 구매하고 돈을 지불함으로써 생계를 유지하게 해 주는 아주 부유한 구매자들이라는 말을 피하기 위해 일반적으로 사용되는 직함들이 있다. 예컨대 '갤러리 소유자', '박물관 관장', '미술 평론가', '카탈로그의 서문을 써 주는 지식인'(작가, 철학자, 수필가)..., 전문 잡지의 '기자', 박람회, 비엔날레, 전시회를 조직하는 큐레이터, 지역 집단의 문화 담당 '선출직 공무원', 지역 현대 미술 기금 또는 지역 문화 활동 부서의 국가 '공무원', 판매를 지도하는 경매자... 등등. 결국 이들로 구성된 클럽은 전시, 카탈로그, 서문, 기사, 구매, 판매 등 파생상품으로 가치를 창출하면서 근친교배적 방식으로 운영된다. 이렇게 해서 창출된 가치는 투자 수익을 내고자 하는 클럽의 가치이다. 그런데 이 클럽에 속한 자들은 글로벌주의 이데올로기를 표방하는 소수의 예술가들―이 예술가들은 자신들이 이용당하는 유용한 바보들이라는 사실을 알고 있

으며, 또 그들 역시 상당한 이익을 본다―을 세계적으로 유명한 예술가로 만들어 자신들의 수익을 올리고자 하는 것이다.

이런 글로벌주의 이데올로기가 다음과 같은 성향의 사람들을 모멸적으로 분쇄해 버리기 위해 작동한다. 이 이데올로기에 의해 모든 것을 사고팔 수 없다고 생각하는 자, 시장은 문명, 더 넓게는 인류의 초월할 수 없는 지평이 아니라고 생각하는 자는 누구든지 마구잡이로 보수주의자, 반동주의자, 민족주의자, 프랑수이아르,[18] 파시스트적 성향을 가진 자, 극우 동반자로 취급되고, 또한 이들은 상품화된 세계에 반항하는 자들로 낙인찍히게 된다. 이런 백지 상태에서 출발해서 포스트모던적 야만인들[19]은 새로운 인간, 인공적이고, 인위적이고, 디지털적이며, 생체공학적인 인간, 한마디로 트랜스휴머니즘적 인간[20]을 만들어 낼 수 있게 된다. 이것은 전체주의 사회의 이상이다!

이런 이유로 몇 그루의 나무가 숲 전체를 가린다. 스펙터클[21]의 조명 속에서 움직이는 이런 시장이 키워 낸 스타 중에서 제프 쿤스가 차지하고 있는 비중은 작지 않다. 제프 쿤스는 지구상의 몇몇 부자들이 돈을 지원하는, 이른바 전위부대에서 활동하는 좁은 예술 시장을 대표하는 상징적 인물이라고까지 할 수 있다.

이것이 오늘날 현대 예술이 많은 사람들의 눈에는 '미디어화된' 것으로 축약되어 보이는 이유이다. 그렇다면 이런 미디어 가시성은 어떻게 확보되는가? 정보의 바이러스성을 보장하는 스캔들에 의해서이다.[22] 그러니까 모든 사람이 문제의 예술가를 안다는 사실에 의해서이다. 미디어 쿠데타는 사람들의 눈에 띄는 가장 좋은 방법이다.

이것이 바로 사람들이 마우리치오 카텔란[23]의 〈L.O.V.E.〉를 입에 올리는 이유이다. 그는 2010

년 밀라노 증권거래소 앞에 다른 손가락이 잘린 11미터 높이에 6톤 무게의 거대한 '가운뎃손가락'[24]을 전시했다. 모두 카라라 대리석으로 조각된 것이다. 2014년 폴 매카시[25]의 〈나무 *Tree*〉, 즉 거대한 항문 플러그가 방돔 광장[26] 한복판에 크리스마스트리로 설치된다.

그렇다면
이런
미디어 가시성은
어떻게 확보되는가?
정보의 바이러스성을
보장하는
스캔들에 의해서이다.
그러니까
모든 사람이
문제의 예술가를
알고 있다는
사실에 의해서이다.

그런데 그곳은 명품 보석을 사고자 하는 전 세계의 억만장자들이 모여드는 곳이다. 폴 매카시는 벌써 2015년에 베르사유 궁전 정원에서 똥을 나타내는 15미터 높이의 조각을 전시한 바 있다. 아니쉬 카푸어의 〈더러운 코너 *Dirty Corner*〉(길

이 60미터, 높이 8미터)는 곧장 〈여왕의 질 *Vagin de la reine*〉로 제목을 바꿔 2015년 베르사유 궁전 정원에 전시되었다. 윱 판리스하우트[27]의 작품 〈도메스티카토르 *Domestikator*〉는 FIAC[28] 2017 에디션 동안 퐁피두센터 외부인 보부르[29] 광장에 전시되었다. 이 작품은 능동적인 남자와 수동적인 동물로 보이는 후배위 남색(男色) 또는 성행위 장면을 입방체 볼륨으로 표현했다. 예술가는 이 작품을 통해 "인간이 저지른 자연에 대한 강간"과 같은 방식으로 설치를 했다고 말했다. 2017년 쾰른 박람회에서 행위예술가 밀로 무아레[30]는 전에 자기의 질에 넣었던 페인트를 주입한 계란을 꺼내 그림을 그릴 수 있도록 해 주는 〈플로페그 *PlopEgg*〉를 전시했다. 이 정도로 하자.

국가와 그 장관들, 시장(市場), 은행가들 등이 승인하고 또 때로는 보조금을 지급하는 전복과 위반을 구실로 도발을 유희하는 이 소수의 예술가들과 시장(市場) 패거리들이 '현대 예술'의 전부인 것은 아니다. 그들에 의하면 현대 예술은 그저 분뇨담, 상스러움, 통속성, 외설 및 성인들의 가련한 또 다른 장난에 불과하다. 그런데 이들 성인들의 가련한 또 다른 장난은 어린아이들이 저급한 행동을 통해 부모의 기분을 상하게 하길 바라면서도 그들의 반응을 염탐하고 또 상스러운 욕을 하면서 자신들을 짓궂고 맹랑하다고 생각하는 나이에 했던 장난에 바탕을 둔 것이다… 하지만 그들은 자신을 스펙터클로 제공하는 스펙터클을 하는 성인들에 불과할 따름이다. 예컨대 나는 제프 쿤스가 파리시에 "제공한" 작품인 이른바 튤립 꽃다발을 생각한다. 이 작품은 2015년과 2016년의 테러 희생자들[31]을 추모한다는 구실로 쉽게 속는 자들을 이용해 개인 및… 공공 기부로 자금을 조달한 후에 제작되었다. 제프 쿤스와 이 작품을 지지하는 이들은 기부를 한

사람들을 바보로 취급한다. 왜냐하면 높이 12미터, 무게 33톤, 받침대 포함 60톤의 이 기념비적인 작품은 그 어디에서도 이슬람 테러의 희생자들을 기리기 위한 알레고리로 타나나지 않고, 모든 곳에서 LGBTQ＋의 대의에 대한 전투의 알레고리로 나타나기 때문이다! 이 숨겨진 아이러니는 종교적 이념으로 인해 인질로 잡혀 사망한 자들에 대한 모욕으로 드러난다.

이렇듯 이 작품은 꽃자루를 주먹으로 쥐고 있는 다양한 색깔의 튤립 꽃다발처럼 보인다. 쿤스는 "기억, 낙관주의 및 회복의 상징"을 제공하는 제스처가 중요하다고 말한다. 열한 개의 꽃을 셀 수 있는데, 없는 열두 번째 꽃은 부재, 결핍, 결핍과 부재의 고통을 상징한다... 이 작품에서 이런 주장을 할 수 있도록 뒷받침해 주는 것은 무엇인가? 아무것도 없다... 예술가의 퍼포먼스가 될 말과 이 말을 맹목적으로 되풀이하기 전에 그것을 지지하는 자들의 말을 제외하고는 말이다.

이와는 달리 모든 것이 다른 해석을 허용한다. 이 튤립은 중심에 검은 암술이 있는 꽃보다는 오히려... 직장(直腸)과 더 유사하다! 여기에서는 튤립의 의미를 알기 위해 원예사보다 항문 전문의가 필요하다. 항문 전문의가 아니면 사드나 또는 바타유, 솔레르스[32]나 또는 기요타[33]와 같이 해부학상 이 부위에 매료된 사람이. 이 튤립은 꽃과 줄기가 같은 색이다. 자연에서는 빨간색 튤립, 노란색 튤립, 자주색 튤립의 줄기가... 녹색이지 빨간색, 노란색 또는 자주색이 아니라는 것은 누구나 알고 있다. 쿤스의 작품에서 노란색 튤립은 노란색 자루, 흰색 튤립은 흰색 자루, 오렌지색 튤립은 오렌지색 자루를 가지고 있다. 그리고 아브라카다브라,[34] 빨강, 초록, 노랑, 파랑, 하양, 분홍 튤립의 자루가 한데 어우러진 꽃다발은 LGBTQ＋ 무지개를 닮았다! 꽃다발을 든 두 손은 자유의 여신상과 피카소의 작품 모두에 대

한 암시로 여겨졌다. 이런 예술계에 대한 암시는 전문 감정가들의 평가에서 공모의 효과로 나타날 수 있다![35] 꽃다발을 든 손은 또한 우리가 방금 말한 긍지 충만한 승리, 승리의 항문, 그 끝에 색색의 꽃자루를 쥐고 있는 뻗은 팔의 주먹이기도 하다! 그 손에서 나는 원예의 상징을 보지 않는다! 그 반면에 항문, LGBTQ＋ 깃발에 대한 참조, '주먹 성교'를 준비하는 듯 꽉 쥔 주먹, 나로서는 이 튤립 꽃다발에서 이것을 보지 않을 수 없다...

스펙터클의 사회가 보여 주고 장면화하는 것은 세계에 대한 유일한 진리가 아니다. 그것은 오직 그 진리에 봉사하는 것뿐이다. 현대 예술의 어떤 부분은 가장 완벽한 엘리트주의적 기획을 실현할 포스트-유대-기독교 트랜스휴머니즘 사회를 실현하기 위해 세계의 상품화라는 정치적인 기획을 추진하고자 한다. 그런데 이것이 모든 현대 예술에 대한 비판으로 이어지지 않아야 한다. 이것은 달을 보는 것이 아니라 달을 가리키는 손가락을 보는 것이다!

현대 예술은 전적으로, 절대적으로, 종합적으로 기존의 예술에 대해 이의를 제기하는 것이 아니다. 현대 예술은 단지 내용의 메시지와 형식 구조가 우리를 기쁘게 하지 않는 자들의 작업에 대해 이의를 제기할 뿐이다. 항문 플러그, 여왕의 생식기, 거대한 똥, 항문의 꽃다발, 동물의 남색 등과 같은 스펙터클을 좋아하기 위해서는 현대 예술을 이런 소규모이고, 파멸적이고, 외설적이고, 사소하며, 천박하지만 세계 시장에서 지배적인 구성 요소로 환원하지 않을 수 없다.

현대 예술에는 이와 같은 멋있으면서도 세속적인 허무주의를 비판하는 작품들이 항상 존재한다. 분명 현대 예술 작품의 제작은 종종 이런

마우리치오 카텔란, 〈L.O.V.E.〉, 2010, 밀라노

허무주의에 대한 지표로 이어진다. 왜냐하면 젊거나 또는 덜 젊은 많은 예술가들이 잘 팔리는 흐름에 휩쓸리기 때문이다. 그도 그럴 것이 그들은 예술가로서의 경력을 이어가고, 일단 돈에 좌우되는 용병이 되는 작업으로 생계를 꾸려 가는 것을 원하기 때문이다. 그들이 곧 우리 시대의

> **'아름다움'은
> '예술가의
> 관심사라기보다는
> 예술에 대해
> 말하는 사람들의
> 관심사'이다.**

아카데미즘 예술가들인 것이다!

이들 아카데미즘 예술가들은 고대인들을 뛰어넘은 뒤샹이 우리에게도 그를 뛰어넘을 것을 요구했다는 사실을 기억해야 한다... 한 세기 전부터 이 사실을 반복하는 것, 그것은 스스로 추종자가 되는 것, 길들여지고 복종하는 자가 되는 것, 순응주의자와 반동주의자, 보수주의자와 전통주의자가 되는 것이다! 아방가르드를 추구하는 자들로 여겨지는 바로 그 자들이 한 세기나 된 아리에르가르드[36]를 구현한다! 그들은 1970년대에 퐁피두 대통령이나 지스카르 대통령의 정부에서 스스로를 혁명가라고 믿으면서 인상파 화가들처럼 그림을 그린 사람들과 동등하다!

뒤샹주의자들은 마침내 뒤샹에게 충실하기 위해 정말로 뒤샹주의자가 되기를 멈추려는 또 한 번의 노력을 해야 할 것이다...

선사시대의 그림에서 제프 쿤스의 작품에 이르기까지 '아름다움'이 아무런 역할을 하지 않은 것은 분명한 것 같다... 우리는 작품들이 '다른 여러 이유'에 따르는 것을 보았다.

원시적 생의 도약, 그리스의 우아함, 로마의 진실주의, 유대-기독교적 교화, 고전적 알레고리, 유사성의 내재성, 디오니소스적 추상화, 뒤샹적 개념화, 구상적 반동, 도상적 영속성, 현대적 스펙터클. 물론 내가 한 구분의 인위적이고 주관적인 특성을 고려해 보면 이 목록은 완전한 것이 아니다.

'아름다움'은 '예술가의 관심사라기보다는 예술에 대해 말하는 사람들의 관심사'이다. 예컨대 플라톤은 『소 히피아스』에서, 플로티노스는 『엔네아데스 Ennéades』에서, 칸트는 『판단력 비판』에서, 헤겔은 『미학』에서, 또는 우리가 '미학'이라는 단어를 1750년 출간된 그의 저서에서 빚지고 있는 바움가르텐에게서 그렇다. 비록 '미학'이라는 단어 자체가 1735년에 나타났고, 그의 『시의 본질의 몇몇 측면에 관한 철학적 성찰 Méditations philosophiques sur quelques aspects de l'essence du poème』에서 등장했더라도 말이다.

따라서 우리는 선사시대 예술이나 원시 예술이 비서구 예술이 아닌 경우에도 마르셀 뒤샹에서 시작된 설치나 퍼포먼스보다 더 예술적이지 않을 것이라는 독법을 제안할 수 없다. 그렇게 되면 예술은 현실을 충실하게 재현하는 장인이 '아름다움'을 표현하기 때문에 그럴 수 있는 자격자에게만 권리가 주어질 뿐인 짧은 고전적 순간에 불과할 것이다! 사실, 이런 척도에 따른다면 데생을 하고 또 그림 그리는 방법을 알았던 위대한 세기의 화가들만이 예술가가 될 뿐이다. 즉, 그들이 그림을 잘 그리는 훌륭한 기술자들의 모습으로 드러날 것이다...

취향의 판단에는 감상을 위한 교육이 필수적인 것으로 드러난다. 『판단력 비판』에서 "아름다움은 개념 없이 보편적으로 기쁘게 하는 것"이라고 말했을 때, 칸트는 틀렸다. 달리 말해 '모든 사람에게', '설명 없이'라고 말했을 때 말이다. 이것은 서양 철학과 계몽 철학을 대표하는 철학자 칸트에게 상당히 모순적으로 보인다…

왜냐하면 정확히 그 반대가 사실이기 때문이다. 아름다움은 '개념과 더불어' '개별적으로' 기쁘게 하는 것이다! 나는 몽테뉴[37]의 "식인종" ─ 실제로는 15세기 아마존 숲의 브라질인 ─ 혹은 루소의 "착한 미개인" ─ 몽테뉴의 『수상록 Essais』을 읽고 난 후에 구상된 허구 ─ 이 '개념 없이', '보편적으로' 다음 두 화가의 작품에 들어가지 않았을 것이라고 상상한다. "식인종"의 경우에는 카르파초[38]의 〈성녀 우르술라의 전설 Légende de sainte Ursule〉[39]에, "착한 미개인"의 경우에는 푸생의 〈사발을 버리는 디오게네스 Diogène jetant son écuelle〉에 말이다.[40]

그런데 오늘날 감상은 어디에서, 언제, 어떻게 교육되는가? 학교에서인가? 나는 이 사실을 의심한다… 시청료를 내는 공공 서비스 텔레비전 채널에서인가? 하루에 1분도 채 안 되는 시간이 감상 교육에 할애되는 빈약한 프로그램에 '다르 다르'[41]라는 냉소적인 제목이 붙어 있다. 이런 프로그램은 방구석에서 중요한 일들 ─ 광고, 미스 프랑스 선발 대회, 미국 드라마, 버라이어티 쇼, 축구 경기… ─ 을 볼 수 있는 다른 채널로 옮겨 가기 위해 잠깐 보는 프로그램이라고 말할 수 있다.

부르주아 계급의 특권으로 파리에 "올라갈" 수 있고, 주말에 가족 단위로 유럽의 미술관들을 방문할 수 있고, 『텔레라마 Télérama』[42] 또는 프랑스 앵테르(Francc-Inter)[43]가 추천한 "전시회에 가거나" 혹은 "전시회를 스스로 개최할" 수 있는 가족들이 있다. 하지만 이런 대중문화 소비주의가 진정으로 예술 작품과의 친밀한 관계 ─ 관조적, 명상적, 이해적, 교화적, 승화적인 ─ 로 이어진다는 보장은 없다…

취향에 대한 교육이 없다면 취향에 대한 판단도 있을 수 없을 것이다… 고전 예술 작품은 첫눈에 누구나 이해할 수 있는 것처럼 보인다. 예술 작품은 칸트식으로 개념 없이 보편적일 수 있다. 하지만 우리는 이아생트 리고의 그림을 통해 이것이 사실이 아님을 보았다… 우리는 작품의 표면, 거품, 피부만을 알 뿐이고 그 진정한 의미는 파악하지 못한다. 이해의 환상이 이해인 것처럼 보인다.

그 반면에 현대 예술은 해독되지 않고 저항한다. 뒤샹의 위생 도기의 모습은 이해할 방법이 없는 이들에게는 수수께끼로 남아 있다. 그런데 〈루이 14세의 초상화〉는 〈샘〉만큼이나 수수께끼를 구성한다. 이와 같은 저항은 이 작품에 대한 관객의 무시하는 판단보다는 이 작품의 의미를 알고자 하는 욕망을 더 요구해야 할 것이다.

이 책의 모두에서 제시했던, 중국어를 이해하지 못하는 사람에게 전달된 중국어의 알레고리를 다시 한번 본다면, 이 알레고리가 아무 의미가 없다고 주장하거나, 심지어 그것이 약하다고 단언하지 않는 것이 좋다. 혹은 어린애가 종알대도 그것이 이해 가능하다고 단언하거나, 또 그것이 언어가 아니라고 단언하지 않는 것이 좋다. 그도 그럴 것이 유일한 언어는 다른 모든 언어를 배제하고 우리가 말하는 언어이기 때문이다. 하지만 우리는 이 언어를 이해한 후에만 우리가 판단할 수 있을 뿐이라는 사실을 고백하는 것이 좋다.

이 작업을 먼저 수행하지 않은 상태에서는 동시대이든 아니든 예술에 대한 모든 진술은 헛된 소리(flatus voci)로 드러난다…

비토레 카르파초, 〈성 우르술라의 생애 주기, 약혼자들의 만남과
순례의 출발〉, 1495, 베네치아, 아카데미 갤러리.

'아름다움은
개념 없이 보편적으로
기쁘게 하는 것'이라는
칸트의 말은
틀렸다.
왜냐하면 정확히
그 반대가
사실이기 때문이다.
아름다움은
개념과 더불어
개별적으로
기쁘게 하는 것이다!

니콜라 푸생, 〈사발을 버리는 디오게네스〉, 1648, 파리, 루브르
박물관.

결론

나는 현대 예술가들인 콩바, 벨리치코비치,[1] 아다미, 가루스트,[2] 아이요, 벤,[3] 자크 파스키에[4] 등에게 몇 권의 책을, 제라르 프로망제에게는 영화를 헌정하였다. 내가 태어나고 37년 동안 살았던 오른[5]주 아르장탕[6]시의 미디어도서관에서 10년 동안 매년 그들의 작품을 전시하고 옹호했다. 나는 필립 코녜[7]의 작품에 대해 글을 쓰기도 했다.

나는 화가가 아닌 예술가들에 대한 글도 출간했다. 빈의 행동주의 예술가인 오토 무엘, 헤르만 니치, 오를랑,[8] 빔 델보예,[9] 파나마렌코,[10] 레이몽 앵스 등이 그들이다. 나는 그들을 그들의 집이나 아틀리에에서 만나곤 했다. 반면, 나는 매튜 바니나 루리[11]는 만난 적이 없다. 나는 사진작가들, 가령 윌리 로니스,[12] 베티나 렝스,[13] 아리안 로페즈후이치,[14] 질 베르케[15]에 대해서도 글을 썼다. 나는 『아르 프레스 Art Press』[16] 또는 『보자르 마가진 Beaux-arts Magazine』[17]에 글을 게재했다. 나는 카르티에 재단[18]에서 발표를 하기도 했다. 이런 표현이 언짢다면 나는 레이몽 앵스와

공개적인 대화를 나누기도 했다. 또한 나는 한때 보르도 CAPC[19]에서 소피 쿠데르크[20]와 함께 일했다. 게다가 나는 그녀 덕분에 현대 예술에 입문하면서 개종했다. 여기에서 개종이라는 말은 지나치게 강한 것이 아니다. 로베르 라퐁 출판사의 '부캥' 총서[21]로 출판한 천 쪽이 넘는 저서인 『현재의 고고학 Archéologie du présent』에는 현대 미술에 할애된 "시뮬라크르들의 춤(La Danse des simulacres)"이라는 제목을 달고 있는 에세이와 동시에 예술가들에 대해 내가 출판한 모든 글들이 한데 모여 있다.

나는 또한 파스칼 뒤사팽[22]과 내 친구 에릭 탕기[23]의 음악을 포함해 현대 음악에 대해 글을 쓰기도 했다. 따라서 나는 현대 예술을 좋아하지 않는다는 의심을 받지 않는다! 더 바람직한 것은, 내가 현대 예술을 지지하고 옹호하는 보기 드문 현대 철학자 중 한 명이라는 것이다…

나는 절대적 방어나 절대적 비판을 강요하는 대안을 거부한다. 나는 항상 적극적으로 아첨하

1984년에 ARC 현대미술관에서 《자유로운 미국의 형상》 전을 준비하고 있는 로베르 콩바.

는 사람도 아니고, 눈 사이에 지적인 총알을 쏘는, 동시대의 예술가를 지켜보는 저격수도 아니다. 나는 아마추어, 즉 이 단어의 어원적이고 고귀한 의미에서 현대 예술을 '좋아하는 사람'이다.

다행스럽게도 우리는 현대 예술 전체에 파문을 일으키지 않으면서도 제프 쿤스 또는 현재의 파멸적 도발과 정치적 올바름의 종교를 내세우는 그 어떤 자도 좋아하지 않을 수 있다. 우리는 비판적 정신을 발휘해야 한다. 우리는 세기의 모든 소설가를 쓰레기통에 버리지 않으면서도 이런저런 소설을 좋아하지 않을 권리를 가지고 있다. 내가 좋아하는 베그베데[24]나 우엘벡[25]을 좋아하지 않는 사람들에게 오늘날의 모든 문학을 싫어해야 할 의무가 있다고 말하는 사람은 아무도 없을 것이다. 현대 예술에 대해서도 마찬가지다. 목욕물 속의 아기를 버리지 않고서는 지금의 퇴행적, 성적, 남색적, 자위 행위적, 분뇨학적 주제에 대한 변형이나, 아니면 폴 매카시의 항문 플러그나 아니쉬 카푸어의 여왕의 질(생식기)을 감상하지 못할 수도 있다. 당대의 가장 키치한 예술가들의 믿음만으로 모든 현대 예술을 압도하는 것, 이것이 바로 심각한 불의이다.

내가 좋아하는 작품이나 내가 싫어하는 예술가들의 명단을 모두 작성하지는 않을 것이다. 한 명만 예를 들어* 내가 왜 이 예술가를 좋아하는

참
혹은 거짓?
허구
혹은 현실?
시인의 창조
혹은 고고학자,
아니면
인류학자의
발견?

지를 말하겠다. 그러고 나면 사람들은 나의 취향 판단이 어떻게 작용하는지, 따라서 '하나'의 취향 판단이 어떻게 작용하는지, 그리고 나의 판단의 원칙이 무엇인지 이해하게 될 것이다.

조안 폰트쿠베르타.[26]
이 스페인 예술가, 더 정확하게는 카탈로니아 사람은 프랑코 지배하의 스페인에서 1955년에 태어났다. 그에게는 그 자신을 드러낼 수 있

---

* 나는 또한 1970년 튀니스에서 태어난 무니르 파트미(Mounir Fatmi)를 선택할 수도 있었을 것이다. 그는 〈단일성의 역설 *Paradox de l'unicité*〉과 같이 이슬람에 대해 질문하고 비판하는 강력한 작품을 선보였다. 또는 1954년 샤먼(Xiamen; 厦门)에서 태어난 중국 예술가 황용핑(Huang Yong Ping; 黃永砯)을 선택할 수도 있었을 것이다. 그는 양식화된 거북이, 메뚜기, 바퀴벌레, 독거미, 지네, 도마뱀, 스컹크, 전갈의 형태로 유리 구조물에 설치하여 서로 잡아먹는 〈세계의 극장〉(1993)을 선보였다. 이 작품은 물론 인간들 사이의 권력 역학을 무대장치화하고 있다. 아니면 아이슬란드 예술가 루리(Rúrí)를 선택할 수도 있었을 것이다. 그는 〈자료 - 멸종 위기에 처한 물 *Archive - Endangered Waters*〉에서 멀티미디어 설치를 통해 사라지거나 댐으로 인해 위협을 받는 52개의 폭포를 연출하고 있다. 또는 1965년 호주에서 태어난 패트리샤 피치니니(Patricia Piccinini)를 선택할 수도 있었을 것이다. 그는 〈젊은 가족 *Young Family*〉이라는 작품에서 생명공학과 트랜스휴머니즘의 힘에 의문을 제기하는 반(半)-인간, 반(半)-동물 키메라를 제작했다. 그리고 그 시대의 주요 주제에 대해 그 순간의 분뇨학적 패션(유행)의 대척지점에서 작업하고 있는 다른 많은 현대 예술가들을 선택했을 수도 있다.

는 공식 타이틀, 권위 있는 전시 장소나 제도적 장소가 없지 않다. 그는 메달, 상을 많이 받았고, 국제적으로도 널리 인정받고 있다. 중요한 것은 거기에 있는 것이 아니라, 오히려 그가 전하는 메시지의 적절성, 미학적 가치 및 지적 능력에 있다. 그는 실재와 가상, 참과 거짓, 자연적인 것과 문화적인 것 사이의 구분에 의문을 제기한다. 자연적인 것과 문화적인 것만을 알 뿐인 우리 시대에 이보다 더 좋은 질문이 어디에 있는가?

1985년과 1989년 사이에 그는 과학자 아마이젠하우펜(Ameisenhaufen) 교수를 통해 스코틀랜드에서 그 자신이 발견한 박제 동물을 보여 주는 〈동물상 Fauna〉이라는 제목이 붙은 프로젝트에 참여했다. 이 동물상에는 다리가 있는 뱀, 껍데기가 있는 새, 날개가 있는 원숭이, 달리 말해 키메라들이 있다. 네스호 괴물도 아마이젠하우

펜의 동물원의 일부이다. 탐험가이기도 한 이 과학자의 문서, 사진, 그림, 원고, 노트북, 엑스레이, 뼈, 녹음은 이와 같은 발견의 진실을 보증해 준다.

〈식물표본집 Herbarium〉(1984)에서 이 예술가가 전시하는 것은 동물들이 아니라 식물들이다. 이 식물들은 우리가 알고 있는 것들과 아무런 공통점이 없다. 종이에 싹, 줄기, 꽃, 잎을 고정시킨 칼 블로스펠트[27]의 사진 인화를 제외하고 말이다.

1979년 폰트쿠베르타는 1968년 우주선 소유즈(Soyouz) 2호 비행 중에 사라져 버린 러시아 우주인 이반 이스토치니코프[28]의 삶의 장면을 전

아래 조안 폰트쿠베르타, 설치 〈동물상〉, 2016, 팜플로나, MUN (나바라대학교 박물관).

조안 폰트쿠베르타, 〈솔레노글리파 폴리포디다 *Solenoglypha polipodida*〉, 동물상 시리즈, 1986.

조안 폰트쿠베르타, 〈귈루메타 폴리모르파 *Guillumeta polymorpha*〉, 식물표본집 시리즈, 1982.

시했다. 사람들은 거리의 군중 속에서 익명의 사
람들과 우주복을 입고 웃고 있는 이 우주 비행사
의 사진들을 발견하며, 또한 관련 비디오, 녹음,
필사본을 발견한다. 소비에트 정권은 우주여행
과 실종을 모두 숨겼을 것이다.

2003년과 2012년 사이, 조안 폰트쿠베르타
는 디뉴[29]의 신학교에서 자연과학을 가르치는
지질학자이기도 한 예수회 신부 장 폰타나(Jean
Fontana)가 1950년대 초 발견한 그 유명한 포유
동물인 히드로피테쿠스(hydropithèques)의 화
석을 보여 주는 〈히드로피테쿠스〉를 전시한다.
1,800만 년 전 중신세에 살았던 이 화석화된 동
물은 물고기 꼬리를 가진 인간과 동물로 구성되

조안 폰트쿠베르타의
작품은
영혼과 지성,
시선과 사색을
포착하는
인공물을 제공한다.

아래 조안 폰트쿠베르타, 설치 〈스푸트니크호〉, 바르셀로나, 우주센터, 2015.

조안 폰트쿠베르타, 〈이반 이스토치니코프와 우주개 클로카〉, 1997.

어 있다. 이 발견은 진화론에 의문을 제기한다

그러니까 인간에게는 수생 조상이 있다는 것이다. 설치된 세트 전체는 우리가 보는 것의 본질을 묻는 혼란스러운 인공물을 보여 준다. 참 혹은 거짓? 허구 혹은 현실? 시인의 창조 혹은 고고학자, 아니면 인류학자의 발견? 달리 말해 예술 혹은 과학?**30**

물론 이 모든 진실은 허구이고, 이 모든 허구는 진실이지만, 허구로서의 진실이다…〈동물상〉에서 예술가는 박제된 동물들을 꿰매고 접합시키고 연결해서 그의 키메라를 만들었다. 이 동물들은 진짜 동물이며, 진짜 박제되고, 진짜 분리되고 재결합되어 제3의 형태가 만들어진다. 즉, 미(美)의 왕국에는 존재하지만 동물의 왕국에는 존재하지 않는 동물을 말이다! 과학자에 대해 말하자면 물론 그는 실존 인물이 아니다. 그의 실존을 증명하는 서류는 가짜이다.〈식물표본집〉은 동일한 원칙에 따라 작동한다. 이런 식물 키메라를 제작하는 데 예술가의 정원에서 나온 폐기물을 이용했다는 원칙이 그것이다. 마지막으로『국내 지질학 *National Geologic*』지의 과학기자로 추정되는 사람이 제시한〈히드로피테쿠스〉도 예술가의 순수한 발명품이다! 물론 소비에트 우주비행사에 대해 말하자면 그도 역시 존재한 적이 없다!

조안 폰트쿠베르타의 작품은 프라 안젤리코**31**의 그림이나 로마네스크 양식의 대성당처럼 영혼과 지성, 시선과 성찰을 포착하는 인공물을 제공한다. 그 대상은 순수한 문화의 산물로 드러난다. 하지만 그 대상은 모든 것을 말하지 않았고, 또 다른 곳에서, 다르게, 다른 것을 말할 수 있었던 자연, 그런 자연에서 온 것처럼 보인다. 그 대상은 자연을 닮았다. 하지만 그 대상은 문화에 속한다. 그 대상은 사실처럼 보인다. 하지만 그

이 작품들은
우리를
인식론으로 초대한다.
진리는
어떻게 구성되는가?
그렇다면 오류는?
무엇이 참이고,
따라서 거짓이라고
말할 수 있는가?
그리고
누구에 의해
그렇게 말해지는가?
이 작품들은
우리를 또한
유머, 아이러니, 미소로
초대한다.

오른쪽 페이지 조안 폰트쿠베르타,〈히드로피테쿠스의 영원한 방〉, 2013. 디뉴레뱅, 가상디 박물관.

대상은 가짜이고, 자연과 비교해 보면 가짜이다. 하지만 그 대상은 문화와 비교해 보면 사실이다.

예술가는 뒤샹 이후로 우리가 분명히 알고 있듯이 그림이나 작품을 만드는 관객에게 질문을 던진다. '누가, 언제 진실을 말하는가?' 기자인가? 예수회 신부인가? 지질학자 신부인가? 예술가가 기자, 예수회 신부 또는 지질학자 신부를 묘사할 때, 그는 그들을 거짓말쟁이, 위조자, 기만자에 동화시킨다. 예술가는 또 다른 질문을 제기한다. '무엇이 사실이고, 언제 그런가?' 또는 심지어 미학을 전공하는 철학자 넬슨 굿맨[32]의 질문을 패러디하기 위해 이런 질문을 던진다. '진실, 거짓, 예술, 과학은 언제 존재하는가?' 예술가는 더 나아가 우리 스스로에게 이렇게 묻도록

초대한다. '누가 거짓말을 하고, 무슨 이익을 위해서인가?' 기자와 사제가 거짓말쟁이에 동화된다는 것, 우리는 그 이유를 쉽게 이해할 수 있다. 그러나 이른바 크레타의 역설[33]을 따르는 재미있는 추종자─한 남자가 자신이 거짓말을 하고 있다고 말했다. 그가 한 말은 진실인가, 거짓인가?─인 조안 폰트쿠베르타는 거짓말을 하지만, 그것은 진실을 말하기 위함이다. 그는 진실을 밝히기 위해 거짓말을 한다. 그는 막대기를 비틀었지만, 그 자체가 이미 잘못된 방향으로 비틀어져서 예술가의 의지로 복원되었기 때문에, 곡선은 직선이 된다.

이 작품들은 우리를 인식론으로 초대한다. 진리는 어떻게 구성되는가? 그렇다면 오류는? 무엇이 참이고, 따라서 거짓이라고 말할 수 있는

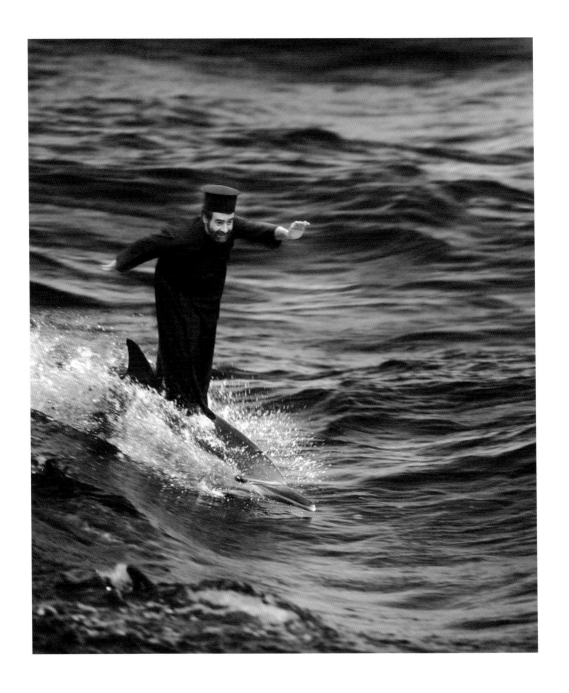

조안 폰트쿠베르타, 〈돌고래 서핑의 기적〉, 2002.

가? 그리고 누구에 의해 그렇게 말해지는가? 이 작품들은 우리를 또한 유머, 아이러니, 미소로 초대한다. 사실과 거짓, 거짓적 사실과 사실적 거짓, 기교와 자연, 자연의 기교와 인공의 자연 사이의 이와 같은 왈츠-망설임은 보는 이를 혼란스럽게 한다. 그때부터 예술가는 자신의 작품을 제작했다. 그는 자신이 제작한 작품을 보는 사람으로 하여금 생각하게 만든다. 그는 우리로 하여금 생각하게 하고 또 메시지를 생성한다. 마치 라스코 동굴의 화가들처럼...

한마디 더하자. 조안 폰트쿠베르타는 〈기적 사㈜ *Miracle & Co*〉(2002)라는 또 다른 프로젝트 작업을 했다. 자신을 기자라고 자처하는 예술가에 의해 이루어진 가짜 사진 보도가 주제이다. 그는 핀란드 정교회 수도승들에 대해 조사하기로 되어 있다. 그들 중 한 명이 발하몬데(Valhamönde) 수도원에서 기적을 행했다. 속임수가 밝혀졌다. 이 기적은 속임수를 쓴 자에게서 나온 것이다. 수도승들은 실제로 우리가 공중 부양을 하거나 햄 조각 위에 체 게바라의 얼굴을... 나타나게 할 마술사를 불렀던 것이다! 예술가 자신은 이 작품을 통해 종교적 믿음, 광신도, 미신, 비정상과 맹신을 조롱하고 싶었다고 말한다.

인터넷 사이트 'Rue 89'[34]에 따르면, 이 전시회의 사진 35점이 도난당했다. 사실인가, 거짓인가? 우리는 모른다. 성찰은 계속된다. 상식은 거짓말을 하지 못할 것이다.

예술가 자신은
이 작품을 통해
종교적 믿음,
광신도,
미신,
비정상,
맹신을
조롱하고 싶었다고
말한다.

역자 후기

이 책은 프랑스의 알뱅 미셸(Albin Michel) 출판사에서 2021년 출간된 미셸 옹프레(Michel Onfray: 1959-)의 *Les raisons de l'art*를 우리말로 옮긴 것이다.

이 책의 번역을 의뢰받았을 때 망설였다. 예술 분야에 대한 변변치 않은 소양 때문이었다. 마르셀 뒤샹의 평전을 번역한 기억이 있긴 했다. 하지만 꽤 오래전의 일이다. 물론 뒤샹 이후에 전개된 현대 예술의 동향에 대해 늘 궁금증을 지니고 있던 터였다. 이 책을 번역하기로 마음을 먹은 데에는 이런 궁금증을 일부 해소할 수도 있겠다는 기대감도 작용했다.

하지만 다른 이유도 있다. 이 책의 저자인 옹프레만의 기질과 매력이 그것이다. 최근 다른 선생님 한 분과 옹프레의 『아리스토텔레스의 악어』(서광사, 2023)를 번역한 적이 있다. 그때에도 옹프레의 독특한 사유와 글쓰기, 참신한 실험정신 등을 조금 엿볼 수 있었다. 이 책의 제목이 "예술의 이유"라는 것을 알았을 때 다음과 같은 생각이 뇌리를 스쳤다. '간헐적으로 접했던 옹프레의 기질로 미루어 짐작컨대 그가 기존의 예술 관련 책들과는 꽤나 다른 범상치 않은 내용의 책을 썼을 것이다…'

무신론자이자 쾌락주의자로 알려진 옹프레의 사유는 관념적이고 사변적이라기보다는 오히려 인간의 삶과 관련된 현실적이고 구체적인 요소들에 더 큰 의미를 부여하고 있다는 평가를 받고 있다. 옹프레의 에피쿠로스, 루크레티우스, 니체 등에 대한 관심은 물론이거니와 삶, 물질, 신체, 행복 등에 대한 꾸준한 관심이 이를 증명해 준다. 이것이 반란의 철학자로 불리는 옹프레가 많은 사람들의 주목을 받는 이유이기도 하다.

이런 옹프레의 모습에 어울리는 하나의 주장이 이 책을 처음부터 끝까지 관통한다. 지금까지 모든 예술의 관심사는 '미'가 아니었다는 주장이다. 조금 양보를 해도 '미'는 부차적인 관심사였다는 것이다. 그렇다면 옹프레가 제시하는 예술의 일차적 관심사는 무엇일까? 그것은 '의미', '의미작용', '메시지'이다.

옹프레는 예술 작품을 하나의 '언어'로 간주한다. 언어의 특징은 이 언어를 규제하는 법칙을 모르면 이 언어를, 아니 더 정확하게는 이 언어를 통해 전달되는 메시지, 곧 의미를 이해할 수 없다는 것이다. 옹프레는 이를 중국어로 말하는 자와 그것을 듣는 사람의 예로 설명한다. 중국어를 알지 못하면 중국어로 말하는 사람이 전달하고자 하는 의미를 이해할 수 없는 것은 당연하다. 하지만 중국어를 배우면 그 의미를 이해할 수 있다.

이렇듯 옹프레는 모든 예술 작품을 하나의 언어로 간주하면서, 이 작품을 감상하고 이해하기 위해서는 거기에 잘 들어맞는 '열쇠'를 지녀야 한다고 주장한다. 옹프레는 이아생트 리고가 그린 루이 14세의 초상화를 예로 든다. 이 초상화에는 많은 상징이 들어 있는데, 그것들을 알지 못한다면 이 초상화는 하나의 수수께끼로 남게 된다는 것이다. 그러니까 루이 14세 시대의 상징들을 아는 것만큼 이 초상화를 이해할 수 있게 된다는 것이 옹프레의 주장이다.

현대 예술작품의 경우에는 그것을 해석할 수 있는 열쇠를 가져야 할 필요성이 더욱 더 크다. 예컨대 현대의 대표적 팝 아티스트 제프 쿤스가 했던 우리 시대의 LGBTQ+ 투쟁, 곧 성소수자를 위한 투쟁에 대해 아무것도 모른다면, 그의 작품 튤립 꽃다발(2019)을 전혀 이해할 수 없다는 것이 옹프레의 계속 이어지는 주장이다.

물론 옹프레의 이런 주장이 아주 새롭고 충격적인 것은 아니다. 회화를 위시해 다른 예술 작품의 감상과 이해에서도 '형식'과 '내용' 중 어느 것에 더 비중을 두어야 하는가는 예로부터 계속 제기되고 있는 과제 중 하나이기 때문이다. 이런 과제는 예술 작품의 미학적 감동을 형식과 내용 중 어느 편에서 찾아야 하는가의 문제와도 무관하지 않다. 옹프레는 이런 지난한 문제 앞에서 형식미학보다는 내용미학, 곧 의미를 강조하는 쪽을 선택하고 있다.

이런 선택을 뒷받침하기 위해 옹프레는 선사 시대부터 현재에 이르는 장구한 예술사의 탐사에 나선다. 보다 더 구체적으로 예술의 첫 흔적이 발견된 프랑스의 쇼베 동굴벽화로부터 현재 세계에서 가장 유명하고 가장 비싼 작품을 창작하는 제프 쿤스의 튤립 꽃다발에 이르기까지의 예술 작품들을 13개의 코드를 통해 이해하고자 한다. 일종의 '에피스테메'라고 할 수 있는 이 13개의 코드는 생의 도약, 우아함, 진실주의, 교화, 알레고리, 내재성, 유사성, 디오니소스, 반동, 추상화, 개념화, 도상, 스펙터클 등이다.

이런 이유로 이 책은 예술사로서의 성격과 예술 입문서로서의 성격도 띠게 된다. 옹프레는 일단 예술사 기술에 적용되는 하나의 준칙이라고 할 수 있는 시대 구분을 어느 정도 준수한다. 그러면서도 옹프레는 각 시대에 적합한 일종의 에

피스테메를 찾아내고, 이 각개의 에피스테메가 각 시대에 속한 예술가들의 작품들을 통해 어떻게 의미화되고 있는지를 밝힌다. 정확히 이런 측면에서 이 책은 예술 작품의 감상과 이해를 위한 입문서로도 읽힐 수 있다.

이 책에서 또 하나 눈여겨보아야 할 것은 예술의 실재 재현의 기능과 한계와 관련된 것이다. 유사성을 다루고 있는 부분에서 자세히 다뤄지고 있는 것처럼, 예술 작품의 미학적 감동이나 미학적 가치는 부분적으로나마 이 작품이 실재와 어느 정도 유사한가, 즉 실재의 재현 정도에 달려 있다. 물론 사진의 출현 이후 이런 논의의 의미는 크게 줄었다. 다만, 예술의 재현의 대상이 되는 실재 개념의 확장과 더불어 현대 미학에서 재현의 한계 문제가 첨예하게 대두되고 있다.

또한 특히 스펙터클의 항목에서 다뤄지고 있는 현대 예술과 관련해 자본, 시장, 투기, 후원, 미디어, 작품의 전시와 배치 등의 문제뿐만 아니라 실재를 둘러싼 진위 문제, 실제적인 것과 잠재적인 것, 자연적인 것과 문화적인 것 사이의 경계 문제 역시 뜨거운 미학적 논의의 대상이 되고 있다. 옹프레도 이 책에서 이런 문제들에 대해 그 나름대로 답을 제시하고 있기는 하다. 물론 한계가 있는 답이다. 이런 답이 예술과 비예술의 경계를 허물어뜨리면서 그 영역을 확장해 나가는, 또 그런 만큼 형식과 내용 면에서 제기되는 현대 예술의 모든 미학적 문제를 시원하고 만족스럽게 해결해주는 것은 아니다. 하지만 옹프레가 이 책에서 제시하고 있는 답들이 그런 문제들에 대한 성찰과 탐사를 위한, 나아가 향후 출현하게 될 새로운 예술에 대한 기대와 이해를 위한 소중한 계기가 될 수 있을 것이다.

인문학의 위기가 많은 사람의 입에 오르내리는 녹록지 않은 상황에서 이 책을 번역할 수 있

178

는 소중한 기회를 주신 서광사의 이숙 대표님께 심심한 감사의 말씀을 드린다. 아울러 이 책의 편집을 도맡아 주신 허우주 선생님께도 심심한 감사의 말씀을 드린다. 늘 지켜봐 주고 응원해 주는 익수와 윤지에게도 고마움을 전한다.

앞에서 언급한 예술에 대한 소양의 부족으로 인해 이 책의 번역 과정에서 끝까지 애를 먹었다. 특히 지금도 세계의 의미 추적자를 자처하면서 작품 창작에 몰두하고 있는 이름조차 들어보지 못했던 수많은 예술가와 그들의 작품, 또 그들이 속해 있는 수많은 유파를 일일이 사전, 인터넷 등을 통해 찾고 검색하는 과정은 힘들고 지루한 일이었음을 고백하지 않을 수 없다.

이런 작업에도 불구하고 이 책에 등장하는 수많은 예술가, 작품, 지역 관련 고유명사 표기, 작품 해설 등에서 잘못된 부분이 없지 않을 것이다. 모든 잘못은 옮긴이의 몫이고 책임이다. 독자들의 따끔하고도 너그러운 지적을 바라며, 향후 그것을 반영해서 바로 잡을 것을 약속드린다.

앞에서 이 책을 번역하게 된 이유 중 하나가 뒤샹 이후의 현대 예술의 동향에 대한 궁금증이었다고 했다. 옮긴이는 이 책을 통해 이런 궁금증을 해소하는 데 부분적이기는 하지만 도움을 받았다. 이런 조그마한 성취감이 옮긴이만의 것이 아니라 이 책을 손에 쥐게 될 모든 독자의 것이 되길 바라는 마음이 크다.

2023. 3. 20.
시지프 연구실에서
변광배

역 자 주

서론—예술의 이유

1   Ivan Petrovich Pavlov(1849-1936): 러시아
의 생리학자로, 개에 대한 실험을 통해 조건반사
이론을 정립했으며, 1904년 노벨 생리·의학상을
수상했다.

2   Pierre Boulez(1925-2016): 프랑스의 작곡
가, 지휘자, 음악이론가이다.

3   Hyacinthe Rigaud(1659-1743): 스페인령
이었던 페르피냥(Perpignan)에서 태어난 프랑스
국적의 화가로, 바로크 시대에 활약했으며, 루이
14세와 프랑스 귀족들의 초상화로 유명하다.

4   Jeff Koons(1955-): 미국 출신의 미술가로,
포스트모던 키치의 왕, 가장 비싼 현대 미술가, 현
대 미술의 대명사 앤디 워홀의 후계자 등 다양한
별명으로 불린다. 그의 이름에는 키치 외에도 저
속함, 진부함, 포르노 등이 수반되는데, 일반인이
라면 달가워하지 않을 이런 수식어를 그는 잘 이
용해 엄청난 부를 누리고 있다.

5   LGBTQ＋ : 레즈비언(Lesbian), 게이
(Gay), 양성애자(Bisexual), 트랜스젠더(Trans-
gender), 퀴어(Queer) 또는 퀘스처닝(Questio-
ning)의 첫 글자를 합한 단어로, 성소수자를 가리
킨다. '＋'는 그 이외의 가능성을 열어 둔 것이다.
그리고 제프 쿤스의 튤립 꽃다발에 대해서는 이
책의 13장 「스펙터클」 155-156쪽을 참고하기 바
란다.

6   Chauvet: 프랑스 남부 아르데슈(Ardèche)
강의 석회암 고원지대에 있는 쇼베 동굴 벽화를
가리킨다. 장마리 쇼베라는 사람이 1994년에 발견

했다고 해서 그의 이름을 붙였으며, '쇼베-퐁다르
크 동굴(Grotte Chauvet-Pont d'Arc)'이라고도
불린다. 쇼베 동굴 벽화에는 사자 그림 73점을 위
시해 곰과 코뿔소, 말, 소 등 여러 동물을 그린 벽
화 4,000여 점이 있다. 이 벽화들은 BC 37,000년
에서 BC 28,000년 사이에 두 차례에 걸쳐 그려진
것으로 알려졌다. 이 동굴 벽화는 2014년에 유네
스코 세계 유산에 등재되었다.

7   이 책에서 '미', '아름다움' 등을 표현하기 위
해 'le Beau'와 'la Beauté'가 사용되고 있다. 편의
상 'le Beau'는 '아름다움', '아름다운 것'으로, 'la
Beauté'는 '미(美)'로 옮겼다. 하지만 경우에 따라
혼용하기도 했다.

8   Alexander Gottlieb Baumgarten(1714-
1762): 독일의 철학자이자 독일 미학의 창시자이
다. 그는 인식을 상급 인식(오성적 인식)과 하급
인식(감성적 인식)으로 나누어, 전자의 학문을 '논
리학', 후자의 학문을 '에스테티카'라고 했다. 에스
테티카는 그리스어 '아이스테시스(감각)'에서 바
움가르텐이 만들어 낸 말로, 오늘날의 '미학'에 해
당한다.

1. 생의 도약

1   grotte Lascaux: 프랑스 남서쪽에 있는 도
르도뉴 지방의 베제르 계곡에 있다. 이 동굴은
1940년 마을 소년들에 의해 우연히 발견되었으며,
1979년에 유네스코의 세계유산으로 등재되었다.
이 벽화들은 BC 17,000년-15,000년경, 즉 후기

구석기 시대에 그려진 것으로 추정된다.

2   Abbe Breuil(1877-1961): 프랑스 가톨릭 사제이자 고고학자, 인류학자, 민속학자 및 지질학자로, 라스코 동굴 벽화 발견과 연구에 관여했다. 라스코 동굴을 우연히 발견한 소년들이 자신들의 선생님 레옹 라발(Léon Laval)에게 이 사실을 알렸고, 라발은 선사시대 동굴 그림을 연구하고 있던 브뢰유 신부에게 알렸다.

3   Georges Bataille(1897-1962): 프랑스 작가, 철학자, 인류학자로, 에로티즘, 신비주의, 주권, 초월주의 등의 주제를 주로 다루었으며, 라스코 동굴 벽화와 예술의 탄생에 관련된 글을 쓰기도 했다.

4   구조주의에서는 역사 형성의 주체, 의미 생산의 주체로서의 인간의 중요성이 무시된다.

5   André Leroi-Gourhan(1911-1986): 프랑스 고고학자, 고생물학자, 고인류학자 및 인류학자로, 철학적 성찰을 위한 고대 기술과 미학에 관심을 가졌다.

6   푸코의 사유에서 중요한 의미를 가지는 '에피스테메(episteme)'('인식소'로 번역된다)는 특정한 시대를 지배하는 인식의 무의식적 체계, 또는 특정한 방식으로 사물들에 질서를 부여하는 무의식적 토대로 이해된다. 라스코 동굴 벽화를 통해 선사시대의 에피스테메를 추측해 볼 수 있다는 의미이다.

7   Jean Clottes(1933-): 프랑스 선사시대 연구자, 고고학자로, 신석기 시대 고인돌 등을 연구했다.

8   mana: 멜라네시아와 폴리네시아의 종교에서 마나는 만물을 창조한 초자연적인 기운을 의미한다. 마오리족의 경우에 상대를 먹으면 상대의 마나를 얻는다는 믿음이 있었으며, 그 결과 싸움을 하게 되면 그 종족은 전멸하게 된다고 생각했

다고 한다.

9   철학에서 주로 정신에 무엇인가를 현전하게, 드러나게 만드는 행위를 의미하는 용어이다.

2. 우아함

1   Assur: 고대 아시리아의 수도 중 하나였던 도시로, 티그리스강의 서쪽 제방에 위치하며, 현재 이라크 내 자브강의 북쪽이다. 1898년 독일 고고학자들에 의해 시작된 아수르 발굴 작업은 1903년부터 1913년까지 계속되었다. 16,000개 이상의 설형문자 점토판이 발견되었고, 그중 다수가 베를린의 퍼가몬 박물관에 전시되어 있다.

2   Sumer: 서아시아의 메소포타미아 지역에 존재했던 고대 문명으로, 현재까지 알려진 인류 최초의 문명이다. 인류 역사상 최초로 문자를 사용한 기록이 남아 있는 문명이기도 하다. 이라크 지역에 관련 유적이 집중적으로 퍼져 있다.

3   Babylone: 티그리스강과 유프라테스강 사이에 있는 메소포타미아 지역에 위치한 곳으로, 인류 문명 초창기에 관개 농업을 시행한 도시 중의 하나이고, 현재의 시계에도 사용되는 60분 체계를 확립한 도시로 알려져 있다.

4   les Scythes: BC 8세기부터 2세기까지 지금의 러시아와 카자흐스탄 등 아시아 북서부 일대 스텝 지역에서 존속했던 인도-유럽 계통의 유목 민족으로, 인류 최초의 유목민이자 기마 민족으로 알려져 있다.

5   les Hittites: 현재 튀르키예가 자리하는 아나톨리아 반도에 BC 1,700년부터 1,200년까지 수준 높은 법 제도를 갖추었을 뿐만 아니라, 이집트의 람세스와 세계 최초의 국제 평화 조약을 체결할 정도로 탁월한 외교력을 발휘한 중근동의 강대국을 이룬 민족이다.

6   Praxitèle: 고대 그리스 조각가로, BC 370-330년 무렵에 활동한 것으로 보인다. 미의 여신 아프로디테를 조각한 것으로 유명하다.

7   Polyclète: BC 5세기에 활동했던 고대 그리스 조각가로, 사람 몸의 구성을 머리와 팔의 길이를 기준으로 나누어서, 이상적인 아름다움의 표준을 처음으로 만든 조각가로 알려져 있다.

8   Phidias(BC 480경–430): 고대 그리스 조각가로, 아크로폴리스 언덕 위에 있는 파르테논 신전을 재건한 것으로 알려져 있으며, 특히 우수한 신상을 만들어 '신들의 상 제작자'로 칭송되었다.

9   칸트에 의해 고안된 용어로, 어떤 문제가 반드시 참이 아니라 조건에 따라 참과 거짓이 결정되는 문제라는 것을 의미한다. 다시 말해 이 문제의 참과 거짓이 증명되어야 한다는 것을 의미한다.

10   Pindare(BC 518–438): 테베 출신의 고대 그리스 서정시 시인으로, 고대 그리스의 합창시(合唱詩) 저자로 알려졌으며, 여러 나라의 왕후 귀족에게 초청받거나 궁전에 초빙되어 무용가, 소녀 무용가, 주연가, 찬송가 등 수많은 합창시를 만들었다.

11   Zeuxis: BC 5세기에 활동한 그리스 화가로 자연, 특히 정물을 모방하는 능력으로 유명했다. 파라시오스와 그림 내기를 한 것으로 명성을 얻었다. 이 내기에 대해서는 이 책의 「유사성」 장에서 다시 설명된다.

12   이런 감상자 중 한 명이 플라톤이라는 것이 저자의 주장이다. 그러니까 저자는 예술가들이 플라톤에 의해 내세워진 '미의 이데아'에 가까이 가고자 하는 것이 아니라는 주장을 처음부터 끝까지 펴고 있다. 앞에서 "플라톤이 예술가들의 제자였다"라는 말을 기억하기 바란다. 그 대신 저자는 예술은 무엇인가를 전달하고자 하는 인간의 욕망에 의해 이루어진다는 입장을 견지한다.

13   Arthur Rimbaud(1854-1891): 프랑스 상징주의 시인으로 베를렌과의 동성애로 유명하다.

14   André Marlaux(1901-1976): 프랑스의 작가, 정치가, 예술평론가이다. 그는 인간의 운명에 맞서 싸우는 '반운명'의 세계를 진선미의 세 영역에서 구축하고 있다. 진은 종교에서, 선은 역사적 참여에서, 미는 문학과 예술에서 각각 구축되고 있다.

15   enthropie: 1850년대 초 독일의 과학자 루돌프 클라우지우스(R. Clausius)가 처음으로 사용한 개념이다. 'energy'라는 단어와 그리스어 'tropy(향성)'가 합성된 이 개념은 자연의 물질이 변형되어 원래 상태로 되돌아갈 수 없음을 의미한다. 여기에서는 대리석도 시간이 흐름에 따라 닳고 변화를 겪는다는 의미이다.

16   필멸하는 존재인 인간에게 가장 중요한 것은 시간과의 투쟁이라고 할 수 있다. 그렇기 때문에 인간은 사라짐, 특히 죽음을 두려워하며, 가능하면 이 죽음에서 멀리 떨어져 있고 싶어 하고, 또 죽음을 구축한다고 할 수 있다. 그리스인들이 젊은 시절의 우아함을 포착해 예술 작품 속에 고정시키고자 하는 노력에는 이와 같은 의미가 포함되어 있다는 설명이다.

17   '청소년의 나이에 이른'이라는 의미이다.

18   Ephébé: 남성 청소년을 가리키는 그리스 단어이다.

3. 진실주의

1   헤겔은 『미학』에서 '정신의 발전 정도'에 따라 시대적으로 예술을 구분하면서 '예술형식론'을 세우고 있는데, '상징적 예술', '고전적 예술', '낭만적 예술'이 그것이다. 헤겔에 따르면 그리스의 조각은 '고전적 예술'에 해당하며, 이 예술에서 정

신과 형식이 가장 훌륭한 조화를 이루고 있다고 본다. 헤겔은 고전적 예술 이후에 낭만적 예술을 거치면서 예술은 정신을 담아낼 수 있는 형식을 더 이상 찾을 수 없게 되고, 결국 예술은 종교와 철학에게 자리를 넘겨주게 되며, 이 단계에 이르면 예술은 종언을 고한다고 본다. 여기에서는 로마 예술이 그리스 예술보다 세련되지 못하고 열등하다는 주장에 반론을 제기하기 위해 헤겔을 언급한 것으로 보인다. 헤겔이 말한 예술의 죽음에 대해서는 뒤에서 다시 언급할 것이다.

2　예컨대 10대 초중반 청소년들의 탱탱한 얼굴에서 시간의 흔적을 찾아보는 것은 쉽지 않다.

3　고대 그리스 철학자 피론(Pyrrhon, BC 360-270)이 주장한 학설로, 모든 것은 확실히 알 수 없다는 생각, 즉 감각은 쉽게 속으며, 이성은 쉽게 욕망에 따른다는 생각에 입각한 회의주의이다. 피론의 회의주의라고도 한다.

4　로마의 정치가, 철학자인 키케로의 저서 『투스쿨라나움 논총 *Tusculanae Disputationes*』(BC 45년)을 가리킨다. 키케로는 만년에 실의 속에서 정치활동과 인연을 끊고 로마인이 즐길 수 있는 인생 철학 입문서를 집필했다. 이 저서의 제목은 그가 머물던 투스쿨룸에 있는 별장이 토론의 무대로 되었다는 데서 나온 것이다.

5　Toga : 고대 로마의 전통 의상으로 남성들의 정장이었다.

4. 교화

1　Constantin(272-337) : 로마 황제 콘스탄티누스 1세로, 첫 번째 기독교인 로마 군주로 알려져 있다. 그의 치세는 기독교 역사에서 중요한 전환점이 되었는데, 313년 밀라노 칙령으로 기독교에 대한 관용을 선포하여 기독교에 대한 박해를 끝내

고 정식 종교로 공인했다.

2　르네상스 시대에 그리스 문화의 우월성이 강조되고, 그런 만큼 그것을 모방해야 한다는 주장이 우세했다는 것을 의미한다.

3　tropéophore : '승리의 상징인 트로피를 들고 있는 자'의 의미이다.

4　Maxence(278 추정-312) : 로마 황제로, 312년 밀비우스 다리 전투에서 전사했다. 콘스탄티누스는 강물에서 그의 시신을 건져 내어 목을 잘라 장대에 걸고 로마로 입성했다.

5　기독교의 상징으로 여겨지는 이것은 그리스어인 크리스토스(Χριστος)의 앞 두 글자 X와 P를 따온 말로서 그리스도를 가리킨다. 이 글자는 헬라어로 '키 로(Chi Ro)'라고 읽으며 '엑스 피'나 '피 엑스'로 읽으면 안 된다. 크리스토스가 영어로 크라이스트(Christ)가 되었고, 우리나라에서는 그리스도라고 읽는다. 크리스마스를 뜻하는 'X-Mas'에서 'X'가 바로 이 '키로(XP)'를 뜻하는 말로, 그리스도의 미사를 의미한다. 이 표식은 로마에서 기독교를 공인한 콘스탄티누스에게서 기인한 것이다. 그는 312년 막센티우스와 대결 전날 밤 꿈에서 십자가를 보았고, 다음 날의 승리를 하느님이 약속해 주었다고 믿었다. 콘스탄티누스는 이 전쟁에서 승리한 후 기독교를 공인한 데 이어, 궁전과 병사들의 무기를 십자가 형상으로 치장했고, 황제의 군기를 십자가 모양으로 만들었다.

6　Eusèbe de Césarée(265경-339) : 로마 제국의 성직자, 신학자, 기독교 역사가로 팔레스타인에 있는 가이사랴의 주교를 역임했다. "교회사의 아버지"라는 별칭을 얻었다.

7　Sandro Botticelli(1445-1510) : 이탈리아 초기 르네상스 시대의 대표적인 화가이다.

8　Simonetta Vespucci(1453경-1476) : "라 벨라 시모네타(la bella Simonetta)"라는 별명으로

불린 이탈리아 귀족 여성으로, 산드로 보티첼리의 작품 〈비너스의 탄생〉의 모델로 잘 알려져 있다.

9　catacombes: 라틴어 'cata(가운데)'와 'tumbas(무덤들)'가 합성되어 '무덤들 가운데'라는 의미로, 무덤으로 사용하기 위해 좁은 통로로 이루어진 '지하 묘지'이다. 특히 로마 제국 시대에 박해를 받았던 기독교인들의 피신처의 역할을 했고, 또 순교자들의 지하 묘지로 사용되었으며, 죽은 사람을 위한 예식과 기도를 드렸던 곳이다. 카타콤베에는 프레스코화로 그려진 최초의 기독교 미술이 남아 있으며, 벽면에 십자가와 물고기, 그리고 닻 등 기독교 상징이 새겨져 있다.

10　virgilien: 로마 시대의 시인 베르길리우스(BC 70-19)에서 파생된 형용사로, "자연을 사랑하고, 감수성이 예민하고, 농촌의 단순하고 평화스러운 삶을 좋아하는" 등의 의미다.

11　313년 밀라노 칙령으로 기독교를 공인한 콘스탄티누스 1세가 죽은 337년 이후 몇십 년이 지나서야 십자가에 매달린 예수의 모습이 최초로 등장했다는 의미이다.

12　terminus post quem: 종종 약자 TPQ로 사용되는 표현으로, "어떤 사건이 발생했거나 존재했을 수 있는 가장 빠른 시간"을 의미하고, "어떤 사건이 발생했거나 존재했을 수 있는 가장 늦은 시간"을 의미하는 'terminus ante quem'(TAQ)과 대조되는 표현이다.

13　Plotin(205-270): 고대 그리스 후기의 철학자로, 플라톤의 사상에 감동하였고, 이후 '플라톤 철학의 해석자'로서의 길을 걸었으며, 이런 이유로 '신플라톤주의의 창시자'로 여겨진다.

14　Porphyre(234-305): 3세기의 신플라톤주의 철학자로, 신플라톤주의의 창시자인 자신의 스승 플로티노스의 사상을 집대성했다.

15　Jamblique(245-325): 아시리아 태생의 신플라톤주의 철학자로, 시리아파의 창시자이며, 플라톤 철학, 신플라톤주의의 기초 위에서 자연학, 윤리학, 형이상학 연구를 통해 철학과 신비학의 새로운 결합을 시도했다.

16　Proclus(412-485): 그리스 철학자로 신플라톤주의자였으며 아테네 학파의 마지막 영수로, 그리스도교가 크게 득세하던 시기에 그리스 철학의 전통을 끝까지 수호하였다.

17　Piero di Cosimo(1462-1522): 피에로 디 로렌초(Piero di Lorenzo)라고도 알려진 르네상스 시대의 이탈리아 화가이다.

18　『토라』에 바탕을 둔 기독교가 예수를 실존 인물로 정립하기 위해 수많은 노력이 필요했다는 말이다.

19　titulus: '기입(inscription)' 또는 '라벨(label)' 등을 의미하는 라틴어로, 고전과 중세 미술에서 흔히 추가되었으며, 특히 로마 제국 내에서 개인의 명예를 열거하거나 경계를 식별한 돌에 새겨진 전통적인 비문을 묘사하고 있다.

20　Tertullian(155-220): 튀니지 카르타고에서 출생한 기독교의 교부이자 평신도 신학자로, 테툴리안이라고도 불린다. '삼위일체'라는 신학 용어를 가장 먼저 사용한 것으로 알려져 있다.

21　천 년 동안 이루어진 교화 덕택으로 중세 10세기 동안은 이런 장면들이 당연한 것으로 여겨져 더 이상 신경 쓰지 않게 되었다는 의미이다.

22　Parousie: 그리스도의 재림으로 번역된다. 즉, 마지막 종말 때에 예수 그리스도가 심판을 위해 재림한다는 기독교의 교리이다. 고대 그리스어로는 출현, 도착, 공식석 방문이라는 의미이다.

5. 알레고리

1　Titus Lucretius Carus(BC 99-55): 고대 로

마의 시인, 철학자로『사물의 본성에 관하여』가 주저이다. 이 저서에서 그는 공화정 말기의 혼란한 세태 속에서 생활하는 당시 사람들의 마음에서 불안을 제거시키려 했으며, 이를 위해 에피쿠로스와 원자론자의 철학을 바탕으로 이 세계의 온갖 존재와 현상이 신이나 인간의 영혼은 물론, 심리적, 사회적 현상도 전부 물질적이라는 것을 설파함으로써 신에 대한 외경심이나 죽음에 대한 공포 등이 전적으로 무의미하다는 것을 가르쳤다.

2 matière noire: 우주 물질의 약 85％를 차지하는 것으로 생각되는 가상 물질의 형태로, 중력을 통해 우주에 존재한다는 것을 간접적으로 유추할 수 있지만, 전자기파를 비롯한 다른 수단으로는 전혀 관측되지 않는 수수께끼의 물질이다.

3 ouroboros: '꼬리를 삼키는 자'라는 뜻을 가진 단어이다. 고대의 상징으로 커다란 뱀 또는 용이 자신의 꼬리를 삼키는 형상으로 원형을 이룬 모습으로 주로 나타난다. 수세기에 걸쳐서 여러 문화권에서 나타나는 이 상징은, 시작이 곧 끝이라는 의미를 지녀 윤회사상 또는 영원성을 보여주는 것으로 인식되어 왔다.

4 Julien de Médicis(1453-1478): 피렌체 공화국의 정치가로, 피에로 데 메디치의 아들이자 로렌초 데 메디치의 동생이다. 1478년 4월 파치 음모에 휘말려 피렌체 대성당에서 반대파 프란체스코 데 파치에 의해 살해당했다.

5 maniérisme(영어 mannerism, 이탈리아어 manierismo): 르네상스 미술의 방식이나 형식을 계승하되 자신만의 독특한 양식(매너 혹은 스타일)에 따라 예술작품을 구현한 예술 사조를 가리킨다. 영어 manner(양식)를 뜻하는 이탈리아어 마니에라(maniera), 불어 마니에르(manière)에서 유래한 용어이다.

6 Bernard Palissy(1510-1589): 프랑스의 도예가, 수력 공학 엔지니어 및 장인으로, 16년 동안 중국 도자기를 모방하기 위해 고군분투한 것으로 알려졌다. 자연과학 분야의 공헌으로 유명하며 지질학, 수문학 및 화석 형성의 원리를 발견한 것으로 잘 알려져 있다.

7 Nicolas Sténon(1638-1686): 본명은 닐스 스텐센(Niels Stensen)으로 17세기 덴마크의 해부학자, 지질학자이다. 그는 특히 지층의 누적에 대한 이론을 발표하여 층서학의 아버지로 불린다.

8 école républicaine: 제3공화국 초기인 1871년 파리코뮌의 기운이 남아 있을 때, 당시 교육부장관이었던 쥘 페리(Jules Ferry)는 아이들이 종교의 영향으로부터 완전히 벗어날 수 있도록 세속교육 및 무상교육, 의무교육 등을 실시하게 되는데, 이를 담당하는 교육 기관이 바로 공화주의 학교이다.

9 플리니우스 세쿤두스(Gaius Plinius Secundus: 23/24-79): 대(大) 플리니우스라고도 불리며, 백과사전의 편집 모델이 된 사전을 썼다. 그는 대부분의 시간을 자연과 지리적 현상을 연구하고 쓰고 조사하는 데 보냈으며, 그 결과가 그 유명한 『박물지』의 집필이다.

10 cité éternelle: 로마를 가리킨다.

11 Grand Siècle: 넓게는 프랑스가 유럽의 주요 강국이 된 17세기의 대부분과 18세기 초를 가리키며, 좁게는 루이 14세의 통치 기간인 1661년부터 1715년까지를 가리킨다.

12 아우구스티누스(Aurelius Augustinus: 354-430): 4세기 알제리와 이탈리아에서 활동한 기독교 보편교회 시기의 신학자이자 성직자, 주교로, 개신교, 로마 가톨릭교회 등 서방 기독교에서 교부로 존경받는 인물이다. 그의 이름은 영어식으로는 '세인트 어거스틴(St. Augustine)', 프랑스어식은 '생토귀스탱(St. Augustin)'이다.

13 François Fénelon(1651-1715): 프랑스의

성직자이자 작가이다.

14 le chant du cygne: 백조가 죽기 전에 부르는 가장 아름다운 노래로, 예술가의 최후의 걸작이라는 비유적인 의미로 사용된다.

6. 내재성

1 플랑드르파: 15세기에서 16세기에 걸쳐 특히 네덜란드 플랑드르의 브뤼헤, 겐트 같은 도시에서 활동한 예술가들과 작품을 의미하는 미술 용어이다.

2 Jacques-Bénigne Bossuet(1627-1704): 프랑스의 가톨릭 신학자로 개신교를 배격하면서 프랑스 가톨릭 교회의 독립을 주장하는 한편, 전제 정치와 왕권신수설을 지지하면서 신은 왕을 지배하고, 왕은 사람을 지배한다. 따라서 왕을 거스르는 것은 신을 모독하는 것이라는 논리를 펼쳤다.

3 Cornelius Jansénius(1585-1638): 코르넬리우스 얀센(Cornelius Jansen)이라고도 불린다. 네덜란드의 가톨릭 신학자로, 신의 은혜의 절대성을 강조하여 가톨릭 교회 내에 큰 파문을 불러일으켰다. 프랑스 가톨릭 교회의 얀세니즘(또는 장세니즘)은 그의 사상으로부터 유래했다.

7. 유사성

1 앞에서 본 플리니우스 세쿤두스이다.

2 trompe-l'oeil: '속이다'라는 뜻의 프랑스어 'tromper'와 '눈'을 뜻하는 'oeil'의 합성어로, '눈을 속이는 그림'이라는 뜻이다. 관람객이 그려진 사물과 실제를 혼동할 정도로 섬세하게 그린 그림을 의미한다.

3 매너리즘을 추종하는 예술가들을 지칭한다.

4 El Greco(1541-1614): 그리스의 화가로,

본명은 도메니코스 테오토코풀로스(Doménikos Theotokópoulos)이다. 그리스인이지만 스페인에서 주로 활동했다. '엘 그레코'는 미술의 중심지가 이탈리아였던 포스트 르네상스 시절에 그를 이탈리아식으로 '그리스인'이라고 부른 데서 기인했다고 한다. 매너리즘의 대표적 화가로 여겨지는 그는 선명한 색과 그늘진 배경의 대조, 긴 얼굴 표현 등의 틀을 유지했다. 그가 내세운 원칙은 현실을 가능한 한 있는 그대로 재현하는 것이 아니라 내면의 눈에 비치는 현실을 그려내는 것이었다.

5 Peintures-peintures: 프랑스 미학에서 사용되는 개념으로, 화가와 그들의 작품의 관심이 '회화 그 자체'인 작품을 가리킨다. 영미권에서는 이 용어를 '순수 회화(pure-painting)'로 옮기고 있다.

6 Joseph-Nicéphore Niépce(1765-1833): 프랑스의 발명가, 사진가이다. 특히 사진술의 선구자로, 세계 최초의 사진을 찍은 것으로 유명하다.

7 Charles Baudelaire(1821-1867): 프랑스의 시인이자 비평가이다.

8 보들레르의 말과는 다르게 사진은 후일 예술이 된다는 의미이다.

9 William Turner(1775-1851): 영국의 화가로, 여러 곳의 풍습과 풍경을 주로 그렸으며, 특히 빛의 묘사에서 획기적인 표현을 남긴 화가이다.

10 Vésuve: 이탈리아 나폴리에서 6km 정도 떨어져 있는 산으로, 79년에 있었던 화산 활동으로 로마 제국의 폼페이와 헤르쿨라네움이 파괴된 것으로 유명하다.

11 영국의 국회의사당은 템즈강변에 자리 잡고 있으며, 정식 명칭은 웨스트민스터 궁전(Palace of Westminster)이다. 1834년 10월 16일 오후에 정부 재정 관련 서류보관실에 있던 난로 과열로 인해 화재가 발생했다. 이 장면이 여러 화가들에 의해 화폭에 옮겨졌다.

12 Cité des Doges: 베네치아를 가리킨다. 'Doge'는 약 천여 년 동안 베네치아 공화국을 통치했던 최고 지도자의 명칭이다. 이 명칭은 라틴어로 '지도자'란 뜻의 '둑스(Dux)'에서 유래했으며, 현대 이탈리아어에서도 '지도자'란 뜻의 '두체(Duce)'와 영어에서 '지도자', 혹은 '공작'을 뜻하는 '듀크(Duke)'와 상통하는 말이다. 우리말로는 이탈리아어를 그대로 음차한 '도제(Doge)'라는 명칭이 가장 일반적이고, 그밖에 '총독', '통령'과 '원수'도 일반적으로 통용된다.

13 peintres pompiers: 형용사로서의 'pompier'는 '예술에서 낡은 기법, 주제를 고수하는' 등의 의미를 가지고 있으며, 명사로서는 '낡은 기법, 주제를 고수하는 아카데미즘 예술가' 등의 의미를 가지고 있다. 원래 'pompier'는 '소방관'이라는 의미를 가진 명사인데, 이 단어가 위의 의미를 갖게 된 것은 다음과 같은 이유에서이다. 즉, 예술가, 특히 화가가 소방관의 헬멧에 반사되어 나타나는 효과를 있는 그대로 그려내는 것을 회화의 핵심 과제로 여겼기 때문이다. 이런 이유로 아카데미즘 회화에서는 정확한 인체 비율, 데생, 원근법 등과 같은 전통적인 기법을 철저하게 지키면서 역사와 신화, 종교에 관련된 전통적인 주제를 형상화하는 일이 권유되고 또 공식 미술 교육기관을 통해 학습되었다. 주지하다시피 인상파 화가들의 등장은 이와 같은 아카데미즘 화가들에 대한 도전으로 여겨진다.

14 Nicolas Poussin(1594-1665): 프랑스의 화가로, 로마에 오랫동안 머물면서 고전주의적인 주제들을 많이 그렸다.

15 미술사에서 유명한 논쟁 중 하나로, 17세기 프랑스 화단에서 '루벤스 파'와 '푸생 파' 사이에 일어난 논쟁이다. 두 계파 간의 대립은 정작 동시대를 살았던 루벤스(Peter Paul Rubens: 1577- 1640)와 푸생 사이의 직접적인 논쟁은 아니다. 두 진영의 갈등 요소는 선과 색이었다. 푸생 파는 '선'을 회화에서 가장 중요한 조형 요소로 꼽았고, 루벤스 파는 '색'을 조형 요소의 핵심으로 꼽았다.

8. 디오니소스

1 Entartete Kunst(영어로는 Degenerate art, 불어로는 art dégénéré): 독일에서 나치의 독재가 자행되는 동안에 인종이론에 근거를 둔 주장에 의해 비난을 받은 현대 미술을 공식적으로 지칭하기 위한 선전 개념어이다. 나치 정권 아래에서 나치의 예술 이해와 미적 이상과 조화될 수 없는 모든 예술 작품과 문화적 경향은 퇴폐예술로 간주되었다.

2 Emil Nolde(1867-1956): 독일의 화가로 최초의 표현주의 화가 중 한 명이다.

3 Ernst Ludwig Kirchner(1880-1938): 독일의 표현주의 화가이다.

4 Oskar Kokoschka(1886-1980): 오스트리아의 화가이자 극작가로 표현주의에 속했다.

5 Max Ernst(1891-1976): 독일의 화가로 초현실주의의 주요 인물이다. 초현실주의 선언에 가담했으며, 파리로 이주해서 활동했다.

6 Andrei Zhdanov(1896-1948): 소련 공산당의 지도자이자 문화 이데올로기 신봉자였다. 제2차 세계대전 후 스탈린의 뒤를 이을 것으로 생각되었으나 스탈린보다 앞서 사망했다. 그는 1945년부터 1948년 사이 소비에트 연방 "최고의 선전원"으로 기술되고 있다.

7 Joseph Goebbels(1897-1945): 나치 독일의 국가대중계몽선전장관 직에서 나치 선전 및 미화를 책임졌던 인물이다.

8 알제리 전쟁은 1954년부터 1962년까지 알

제리 독립 운동 세력이 프랑스와 벌인 독립 전쟁으로, 결국 알제리는 프랑스로부터 독립을 쟁취했다.

9 Guillaume Apollinaire(1880-1918): 프랑스의 시인, 작가, 비평가이자 예술 이론가이다.

10 Maurice de Vlaminck(1876-1958): 프랑스의 화가로, 마티스 등과 더불어 야수파 운동에 참가했다.

11 Argenteuil: 프랑스 일드프랑스 발두아즈주에 위치한 도시로, 파리에서 12km 정도 떨어진 곳에 위치한다. 19세기에 파리를 연결하는 철도가 개통되었으며, 인상파 화가들이 이곳을 소재로 한 많은 작품을 남겼다.

12 Dahomey: 약 1600년부터 1904년 사이 오늘날 베냉 지역에 있었던 아프리카의 왕국이다. 1894년 프랑스의 식민지가 되어 프랑스령 서아프리카의 일부로 편입, 프랑스령 다호메이로 불리게 되었다. 1960년 다호메이 공화국으로 독립했고 1990년에 국호를 베냉공화국(République du Bénin)으로 바꾸었다.

13 Georges Braque(1882-1963): 프랑스의 화가이다. 처음에는 야수파 성향의 그림을 그리다가 세잔의 영향으로 인상파에 접근했으나, 나중에는 피카소와 더불어 입체파로서 프랑스 화단의 중요한 위치를 차지했다.

14 André Derain(1880-1954): 프랑스의 화가, 조각가로 마티스와 함께 야수파를 주창했다.

15 André Lhote(1885-1962): 프랑스의 화가 및 미술평론가로, 인상파에서 출발하였으나 피카소와 세잔의 영향을 받아 입체파로 전향했다.

16 Franz Marc(1880-1916): 독일의 화가이자 판화가이다.

17 '청기사파'는 1911년부터 1914년까지 활동한 표현주의 화풍 중 하나이다. 대표적인 화가로는 바실리 칸딘스키, 프란츠 마르크, 파울 클레,

가브리엘레 뮌터 등이 있다.

18 August Macke(1887-1914): 독일의 화가로 표현주의 집단인 청기사파의 주도적인 일원들 중 한 명이었다.

19 Tlingit: 알래스카 남동부 지역의 아메리카 원주민 민족이다.

20 Ile de Pâques(영어로는 Easter Island, 스페인어로는 Isla de Pascua): 오세아니아의 폴리네시아에 위치한 칠레 영토의 화산섬이다.

21 Vili: 콩고족, 상가족, 음보시족, 테케시족 등과 함께 콩고공화국의 한 종족으로 주로 해안평야에서 거주한다.

22 Émile Lejeune(1885-1964): 스위스의 화가로 모딜리아니, 피카소, 마티스 등과 교류했다.

9. 반동

1 Filippo Marinetti(1876-1944): 이탈리아의 시인으로, 과거의 전통을 부정하고 근대 문명이 낳은 속도와 기계를 찬미하는 것을 시의 본령으로 삼으면서 미래파(futurisme) 운동을 주도했다.

2 Kazimir Malevitch(1878-1935): 러시아의 화가로 인상파, 야수파, 입체파를 거쳐 1913년 흰 바탕에 검은 정사각형만 그린 작품을 발표하여 화제를 일으켰고, 이 작품을 계기로 하여 감각의 궁극을 탐구하는 '절대주의(suprématisme)'의 길을 개척해 나갔다. 1915년 절대주의 선언을 발표했다.

3 les suprématistes: 러시아혁명 시대에 말레비치에 의해 창시된 선구적 추상회화의 이념인 절대주의('지상주의'라고도 한다)를 추종하는 예술가들을 가리킨다. 절대주의는 입체파의 사고방식을 깊이 파고들어 '절대적으로 순수한 기하학적 추상'을 표방하며 1913년 말 모스크바에서 흰 바탕에 검은 정사각형만을 그린 작품을 전시한 데서 비롯

되었다. 이와 같이 비대상적, 비재현적인 순수한 감각 내지 지각을 '지상(至上)'의 것, 다시 말해 회화 예술에 있어서의 구극적, 최후적 혹은 결정적, 절대적인 것으로 생각한다.

4   les constructivistes: 20세기 초 러시아 아방가르드 조류 중 하나를 지칭하는 '구성주의(constructivisme)'를 추종하는 자들이다. 구성주의는 1918년부터 약 10년간 제1차 세계대전을 전후하여 러시아에서 일어난 조형, 미술운동이다. 1917년 10월 러시아에서 발발했던 프롤레타리아 혁명은 옛 제도를 철저하게 배제하고 새로운 제도의 확립과 문화의 변화를 재촉했다. 당시 러시아에서는 이탈리아의 미래주의가 일시적으로 유행하고 있었지만 혁명에 의해 계속되지 못했다. 이런 상황에서 구성주의는 개인주의적이고 실용성이 없는 기존의 예술을 부정하고 산업주의와 집단주의에 입각한 사회성을 추구했다.

5   Leni Riefenstahl(1902-2003): 독일의 배우, 감독, 영화 제작자이다. 나치 독일의 선전 영화를 만들었기 때문에 2차 대전 이후 영화계에서 활동할 수 없게 되자 사진작가로 활동하기도 했다.

6   Max Beckmann(1884-1950): 독일의 화가로, 인상파, 표현주의, 입체파 신즉물주의를 표방했다.

7   Otto Dix(1891-1969): 독일의 화가로, 후기 인상파, 다다이즘을 거쳐 신즉물주의의 진영으로 들어가 사회의 부정, 퇴폐, 악덕, 암흑 속에서 꿈틀거리는 인간의 비참, 추악 등을 박진감 있게 그려냈다.

8   George Grosz(1893-1959): 독일의 화가로, 당대의 가장 신랄한 사회적 비판을 제공한 것으로 알려져 있다.

9   performance: 행위의 시간적 과정을 중시하여, 실제 관중 앞에서 예정된 코스를 실제로 연기해 보이는 다양한 예술 행위의 총칭으로, 특히 미술에서는 회화나 조각 작품 등에 의하지 않고 작가의 육체적 행동이나 행위에 의해 어떤 조형적 표현을 나타내고자 하는 것을 말한다.

10   actionnisme viennois: 빈 행동주의(또는 액티비즘)는 1960년대 오스트리아나 독일에서 주로 등장했던 짧고 폭력적인 예술 운동으로, 에로틱한 폭력, 정신의 어두운 측면, 사회적이고 정치적인 문제들을 낭자하게 흐르는 피, 꺼내진 동물의 내장, 자해 등을 섞어 잔인하고 공격적인 표현했다. 주요 예술가로는 오토 무엘, 헤르만 니치, 루돌프 슈바르츠코글러 등을 꼽을 수 있다.

11   Otto Muehl(1925-2013): 오스트리아의 예술가로, 1960년대 빈을 중심으로 피나 배설물, 사람의 나체 등을 이용한 과격한 퍼포먼스로 논란을 일으킨 행동주의를 주도했다.

12   Rudolf Schwarzkogler(1940-1969): 오스트리아 공연예술가로, 빈 행동주의 그룹과 밀접하게 관련되어 있다.

13   Hermann Nitsch(1938-2022): 오스트리아의 실험적 예술가이며 전위예술가로, 행동주의 그룹으로 활동했다.

14   Michel Journiac(1935-1995): 프랑스의 바디 아트 창시자 중 한 명으로, 절대적 신체 개념이 아닌 사회에 의해 형성되는 '사회적 신체'를 통해 사회의 스테레오타입을 비판함과 동시에 소외된 타자를 옹호하는 작품과 전통적 도덕 가치를 비판하는 경향의 작품 활동을 했다.

15   Gina Pane(1939-1990): 이탈리아 출신의 프랑스 예술가로, 프랑스의 1970년대 바디 아트 운동의 일원이다.

16   Sergei Prokofiev(1891-1953): 우크라이나의 작곡가이다.

17 Benjamin Britten(1913-1976): 영국의 작곡가이다.

18 아래 주19에서 언급되는 쇤베르크의 뒤를 이은 베르크, 베베른 등이 제2 빈 악파를 형성했다.

19 Arnold Schönberg(1874-1951): 오스트리아에서 태어나 미국으로 귀화한 작곡가, 음악이론가이자 음악교육가로, 조성음악의 해체에 기여한 중심인물 중 한 명이다. 그는 12음계를 확립한 장본인 중의 한 명이며, 12음계는 음렬주의 음악으로 발전하여 현대음악에서 많은 작곡가들의 음악에 계승되었다.

20 Alban Berg(1885-1935): 오스트리아의 작곡가로, 쇤베르크와 베베른과 함께 제2 빈 악파의 구성원이었다.

21 Anton von Webern(1883-1945): 오스트리아의 작곡가로, 1904년 쇤베르크를 알게 되었고, 베르크와 함께 그의 제자가 되었으며, 쇤베르크 악파의 중심인물이다.

22 sérialisme: 곡을 쓰거나 분석하는 기법의 하나로, 음고, 음세기, 리듬과 같은 음악적 요소들을 어떤 음렬에 따라 음렬이 반복될 때까지 한 번씩 순서대로 쓰는 음악 기법으로, 음렬음악(musique sérielle)이라고도 한다.

10. 추상화

1 추상화 작업을 통해 테마가 뚜렷이 형상화되고 있는 고전 미술과는 다른 방향, 또 인상주의에서도 희미하게 흔적으로 남아 있는 테마를 완전히 없애는 방향으로 나아간다는 의미이다.

2 테마가 점차 사라지면서 부차적인 중요성만을 갖게 된다는 것을 말한다.

3 Georges Mathieu(1921-2012): 프랑스의 추상화가로, 1951년 이후로 앵포르멜의 대표적인 화가로 활약했다.

4 l'abstraction lyrique: 1947년에서 1950년대 말 사이에 새롭게 나타난 미술 운동으로, 색채나 형태에 내면적인 심리를 표현하며 구체적인 대상 없이 색, 점, 선, 면 따위의 순수 조형 요소만으로 작품을 만든다. 대표적인 화가로는 칸딘스키, 마티유, 하르퉁 등이 있다.

5 Hans Hartung(1904-1989): 독일에서 출생한 프랑스의 추상화가이다.

6 Pierre Soulages(1919-2022): 프랑스의 화가, 조각가로, 초기에는 세잔, 피카소의 영향을 받아 입체파적 경향을 띠었으나 1946년부터는 추상화로 옮겼다.

7 Robert Combas(1957-): 프랑스의 화가로, 1980년대 추상미술에 대한 반동으로 프랑스에서 일어난 '자유구상회화' 운동을 창시했다. 자유구상회화는 미국으로 현대 미술의 중심이 옮겨 간 이후에 프랑스 예술의 자존심을 회복시켜 준 미술 운동이다.

8 Sète: 프랑스 남쪽 지중해 연안에 있는 항구 도시이다.

9 outre-noir: '울트라블랙'은 엄밀한 과학적 정의는 아니지만 보통 빛 반사율이 0.5% 이하인 검은색을 일컫는다.

11. 개념화

1 "마음의 일"이라고도 번역된다.

2 Valerio Adami(1935-): 이탈리아의 화가로, 초기에는 표현주의적 경향이었으나 후기에는 팝아트의 영향이 뚜렷하다.

3 Ready-made: 일상적인 기성 용품에 제목을 붙여 만든 미술 작품의 장르이다. 뒤샹의 〈샘〉이 대표적인 작품이다.

4 chimère: 그리스 신화에서 머리는 사자, 몸통은 염소, 꼬리는 뱀 또는 용의 모습을 한 복합괴물이다. 생물학에서는 하나의 생물체 안에 서로 다른 유전 형질을 가지는 동종의 조직이 함께 존재하는 현상을 뜻한다. 여기에서는 자전거 바퀴와 의자가 합쳐져 하나의 작품이 탄생되었다는 의미이다.

5 Max Stirner(1806-1856): 독일의 철학자로, 허무주의, 실존주의, 정신분석 이론, 포스트모더니즘, 개인주의적 아나키즘에 영향을 끼쳤다.

6 Georges Charbonnier(1913-1990): 프랑스의 대학교수, 미술평론가로, 프랑스 라디오와 텔레비전 프로그램을 제작, 진행하기도 했으며, 보르헤스, 뒤샹, 바르트, 마송 등을 인터뷰하고 책으로 남겼다.

7 Man Ray(1890-1976): 미국 출신으로 프랑스 파리에서 대부분의 경력을 쌓은 시각미술가이다. 다다이즘과 초현실주의에 상당한 기여를 했으며, 사진 작가로도 유명하다.

8 Antoni Tàpies(1923-2012): 스페인의 화가, 조각가, 예술이론가로, 초기에는 초현실주의로 시작했으나 점차 앵포르멜로 나아갔다. 특히 시멘트와 모래를 활용한 것으로 유명하다.

9 Arte povera: 1967년 이탈리아 미술비평가 제르마노 첼란트(Germano Celant)가 처음 사용한 용어로, 1960년대 후반 미술시장의 상업적 압력에 대항하는 이탈리아 미술가들에 의해 일어난 조형운동을 의미한다. 이 운동은 일상적 사건에 바탕을 두고, 이에 대한 시적인 표현을 얻기 위해 가장 단순한 재료를 사용함으로써 손질과 배치를 최소화한 삼차원적 미술작품을 만들어냈다.

10 Raymond Hains(1926-2005): 프랑스의 저명한 시각 예술가이자 누보 리얼리즘 운동의 창시자이다. 찢겨진 포스터 등을 이용한 작품으로 유명하다.

11 Jacques Villeglé(1926-2022): 프랑스의 혼성 미디어 아티스트로, 상징적인 글자와 찢기거나 찢긴 포스터 등으로 작업을 했다.

12 Daniel Spoerri(1930-): 루마니아에서 태어난 스위스 예술가이자 작가로, 일종의 조립 또는 오브제로 접시, 은식기 및 안경을 포함하여 개인이 먹은 음식의 잔해와 같은 일련의 객체를 포착한다.

13 Andres Serrano(1950-): 뉴욕 출신으로 시체 사진과 대변과 체액을 사용한 작업으로 유명해진 미국 사진작가이자 예술가이다.

14 Piero Manzoni(1933-1963): 이탈리아의 예술가로, 대변을 소재로 한 전위 예술로 유명하다.

15 기독교 교회에서 성직자가 신자들에게 떼어 나누어주는 성찬례에 사용하는 빵을 일컫는 말이다. 포도주와 함께 사용된다.

16 Chris Burden(1964-2015): 미국 출신의 공연, 조각 및 설치 예술 분야에서 일하는 예술가로, 자신의 팔에 총을 쏘는 등 잔혹한 행위예술로 유명해졌다.

17 Coventry: 영국 웨스트미들랜즈주의 도시다.

18 Art & Language: 코번트리에서 1968년 시작된 일군의 개념 예술가들의 콜라보레이션으로, 지적 아이디어와 관심사를 예술 창작과 결합시키려는 공통의 욕구를 공유하고 있다.

19 '예술의 종언'이라고도 불린다. 헤겔은 예술을 '절대정신의 감각적 현현'으로 규정함으로써 종교, 철학과 함께 절대정신을 구현할 수 있는 단계로 격상시켰다. 예술이 절대정신을 감각으로 직관한다면, 종교는 믿음으로 표상하고, 철학은 이념으로 사유한다는 것이다. 하지만 헤겔에 의하면 예술은 진리를 구현하기는 하나, 열등한 하나의

방식에 지나지 않으며, 궁극적으로는 사라진다는 것이다.

20 프루스트의 『잃어버린 시간을 찾아서』에 등장하는 베르뒤랭 부인이 소유한 살롱을 가리키며, 이 여성은 몰락한 귀족에 대한 신흥 부르주아지의 승리 또는 속물주의의 화신으로 정의되곤 하는 인물이다.

12. 도상

1 Eat Art: '푸드 아트(Food Art)'라고도 지칭되는 이 예술은 1960년대 루마니아의 예술가 다니엘 스포에리에 의해 창안되었다. 그는 이트 아트를 통해 인간의 총체적인 음식문화와 관계된 현대인의 일상성을 작품 속에 포획하고자 하였다.

2 Fluxus: 1960년대에 형성된 국제적인 전위예술가 집단이다. 그 시초는 미국의 리투아니아계 예술가인 조지 마치우나스가 사용한 '플럭서스'라는 용어에서 유래한다. 플럭서스라는 이름은 '흐름', '끊임없는 변화', '움직임' 등을 뜻하는 라틴어 flux에서 유래했다.

3 Yves Tanguy(1900-1955): 프랑스 출신의 초현실주의 화가로, 주로 미국에서 활동했다.

4 미국의 기호학자 찰스 샌더스 퍼스(Charles Sanders Peirce)에 의하면 기호에는 세 가지 종류가 있다. 그중 하나가 유사성을 토대로 지시작용을 하는 도상(icon)이다. 가령 우리는 문짝에 붙어 있는 치마와 바지 입은 사람의 이미지를 보고, 자기 성에 맞는 화장실을 찾아 들어간다. 다른 하나는 인접성을 가지고 지시작용을 하는 지표(index)다. 아스팔트 위에 난 타이어 자국은 누군가 그 자리에서 급정거를 했다는 것을 의미한다. 또 하나는 상징(symbol)으로, 그저 규약에 따라 지시작용을 하는 관습적 기호다. 가령 사과와 '사과'라는 말 사이에는 유사성도, 인접성도 없다. 하지만 오랜 관습적 규약에 따라 '사과'는 사과를 가리킨다.

5 Fernand Léger(1881-1955): 프랑스의 화가로, 인상파 마티스, 세잔의 영향을 받아 1911년경부터 입체파 운동에 참여하여 현대 추상화의 길을 열었다.

6 Giorgio de Chirico(1888-1978): 이탈리아의 화가로, 초현실주의 예술의 초기 단계 중 하나인 형이상학파를 대표하는 인물로 평가된다.

7 Amedeo Modigliani(1884-1920): 이탈리아의 화가로, 세잔과 로트렉의 영향을 받았으며 항상 인물만을 그렸는데 파리의 뒷거리에 사는 가난한 사람들 및 여성의 나체 등을 즐겨 그렸다. 그의 인물화는 가늘고 긴 목이나 달걀 모양의 얼굴을 가는 선으로 둘러 독특한 기품과 아름다움을 나타냈다.

8 Gilles Aillaud(1928-2005): 프랑스의 화가, 세트 데코레이터, 시나리오 작가로, 신구상회화와 서술적 구상으로 유명했다.

9 Eduardo Arroyo(1937-2018): 스페인 화가이자 그래픽 아티스트이다.

10 Antonio Recalcati(1938-2022): 이탈리아의 현대 화가, 조각가이다.

11 Francis Biras(1929-): 프랑스의 현대 화가이다.

12 Fabio Rieti(1925-2020): 이탈리아의 현대 예술가이다.

13 Galerie Creuze: 파리 8구에 있는 갤러리로, 20세기 후반의 그림, 조각 등을 전시한다. 특히 1965년 "현대 미술의 서술적 구상(Figuration narrative dans l'art contemporain)"이라는 제목으로 〈뒤샹의 비극적 최후〉 연작이 전시되었다.

14 Figuration narrative: 1960년대에 등장한 프랑스 '신구상회화(Figuration nouvelle)'의 다

른 명칭이다. 신구상은 당대의 사회와 역사적 현실을 직설적 발언이 아닌 은유를 통해서 표현하는 서술적 구상과 동의어로서, 이는 미술에서 구상회화로의 복귀를 의미한다. 1967년에 열린 신구상회화 전시회인 "일상의 신화들(Mythologies quotidiennes)"에서 비평가 제라르 가시오탈라보(Gérald Gassiot-Talabot)가 신구상회화를 '서술적 구상'이라고 규정한 데서 비롯되었다. 그는 〈일상의 신화들〉전 서문에서 이야기를 연속적으로 구상화된 재현으로 보여 주는 것이 서술적 구상이라고 정의하면서, 그 특징으로 에피소드에 의한 서술과 일시적인 병치, 연속적인 구성양식 등을 거론하였다. 서술적 구상에서는 정지된 한순간이 아니라, 삶처럼 시간의 연속에 의한 이야기와 내용성이 중시된다. 이 경향은 지나친 추상화와 신리얼리즘, 팝아트 등에 대한 반대 경향을 띤다.

15 polyptyque: 여러 폭으로 이루어진 그림이다.

16 국립 소피아 왕비 예술센터(Museo Nacional Centro de Arte Reina Sofía)를 가리킨다. 스페인 마드리드에 있는 국립 미술관으로, 줄여서 '소피아 왕비 미술관'으로 불리기도 하며, 당시 스페인의 왕비 소피아의 이름을 따서 명명되었다. 1992년에 개관한 이 미술관에는 20세기 및 현대 미술 관련 미술품이 소장되어 있다.

17 〈사느냐 죽느냐 또는 마르셀 뒤샹의 비극적 최후〉라는 8폭 폴립티크에서처럼, 이미 하나의 도상으로 이해되는 그림에 또 다른 도상적 해석을 가하는 입장에 대한 공개적 지지라는 의미로 보인다. 가령, 뒤샹이 테마가 된 문제의 8폭 폴립티크의 마지막 캔버스에서는 성조기에 뒤덮인 뒤샹의 관이 테마인데, 이는 미국의 시장에 의해 인정받기 시작한 그의 운명, 시장 논리에 의해 매장된 예술가, 회화를 죽이고자 했으나 실패한 예술가로

서의 그의 모습을 서사적인 방식으로 보여 준다고 하겠다.

18 Albert Gleizes(1881-1953): 프랑스 예술가로, 공업 디자이너로 활동하다가 1900년경 그림을 그리기 시작했으며, 입체파의 일원으로 활동했다.

19 Jean Metzinge(1883-1956): 프랑스의 화가로 입체파의 일원이었다.

20 Henri Le Fauconnier(1881-1946): 프랑스의 입체파 화가이다.

21 Salon des Indépendants: 출품작을 심사하지 않고 시상도 하지 않는 프랑스의 미술 전람회를 뜻하는 용어이다. 관료적인 아카데미즘에 반대하는 '살롱데쟁데팡당'은 프랑스의 독립미술가협회가 1884년 시작한 전시회로, 무심사로 진행되어 자유로운 작품 발표가 가능하다. 마티스, 세잔, 고흐, 샤갈 등이 이 전시회 출신이다.

22 chemin de croix: '십자가의 길'(라틴어: Via Crucis)은 예수 그리스도의 마지막 시간(수난과 죽음)을 기억하며 구원의 신비를 묵상하는 서방 기독교의 기도로, '고통의 길'이라고도 하며, 예수가 사형 선고를 받은 곳에서부터 무덤에 묻힌 곳까지 14처로 구성되어 있다. 로마 가톨릭에서는 보통 사순 시기 동안 매주 금요일과 성금요일에 이 길을 따라가는 의식을 하며, 성공회에서는 보통 사순절의 마지막 주인 성주간에 매일 이 의식을 행한다.

23 어떤 작품에 대한 해석이 너무 다양하면 해석 자체가 불가능해진다는 의미이다.

24 '타인을 위한 임신'을 뜻하는 Gestation Pour Autrui의 약자로, '대리모 임신'으로 번역된다. 대리모는 아이를 임신 및 출산하여 다른 사람에게 준 여성을 의미한다. 국가마다 유전자를 모의 기준으로 할지, 출산을 모의 기준으로 할지, 대리모 계약을 인정할지 법제가 다르다.

25 개념예술을 포함해 회화 개념을 혁명적으로 바꾸면서 회화를 살해하고자 했던 뒤샹을 가리킨다.

26 Pierre Restany(1930-2003): 프랑스의 미술 평론가, 문화 철학자였다. 누보 레알리즘(Nouveau réalisme) 운동을 주도했는데, 이 운동은 추상화의 서정성에 반대하여 '실재'에로의 복귀를 주장하였다.

27 Robert Rauschenberg(1925-2008): 미국의 화가, 그래픽 아티스트, '컴바인 회화(combine painting)'의 대가로 알려져 있으며, 사물을 이미지에 종속시키지 않고 반대로 사물을 화면에 도입함으로써 이미지를 파괴하고 혼란시켜서 때로는 난센스, 또는 역설적으로 현실인식의 다른 길을 내보여 주었다는 평을 받았다.

28 Arman(1928-2005): 프랑스 태생의 미국 예술가로, 잉크나 페인트 흔적에 물체를 이용하는 등의 누보 레알리즘 경향의 작품을 발표했다.

29 Claes Oldenburg(1929-2022): 스웨덴 태생의 미국 조각가이다. 앤디 워홀 등과 함께 대표적인 팝아트 미술가로 일상생활에서 매우 흔한 물건을 매우 거대하게 복제하는 공공 미술, 설치가로 잘 알려져 있다.

30 Martial Raysse(1936-): 프랑스의 예술가로 누보 레알리즘 경향에 속한다.

13. 스펙터클

1 예술 작품을 사고팔 수 있는 글로벌화된 시장은 고가에 팔리는 몇몇 인기 있는 예술가들(이들이 반드시 훌륭한 작품을 창작하는 것은 아니다), 또 그들의 작품을 전시, 구매할 수 있는 극소수의 부자들만이 두드러지고, 그들에 의해 이 시장의 진짜 모습이 감춰져 있다는 의미이다.

2 show-biz: '연예(演藝)'라고 할 수 있다. 보통 연예는 방송(라디오, 텔레비전), 대중음악 및 영화와 같은 활동 무대에서 대중에게 보여 주는 기예를 일컬으며, 그런 분야는 연예계로, 그곳에 종사하는 사람은 연예인으로 불린다.

3 Charles Quint: 1519년부터 신성 로마 제국 황제였으며, 이탈리아에서는 카를로 5세, 스페인에서는 카를로스 1세, 독일에서는 카를 5세로 불린다.

4 Titien(1488-1576): 이탈리아어 이름은 티치아노 베첼리오(Tiziano Vecellio)이며, 이탈리아의 전성기 르네상스 시대에 활약했던 화가이다.

5 현실 정치에서는 황제의 위상이 더 높지만, 그림을 그릴 때만큼은 화가의 위상이 더 높다는 말이다.

6 '무질서'를 의미하는 '카오스(chaos)'의 반대 말이다.

7 좋은 작품과 그렇지 못한 작품이라는 의미이다.

8 예술사에서 과거에는 한 사조는 오랜 기간 계속되었고, 이렇게 오래 지속된 사조가 현대로 들어오면서 아주 짧게 지속되는 사조에 자리를 내주고 있다는 것은 주지의 사실이다. 또한 현대에서 아주 짧은 기간 동안 지속되는 흐름, 사조 안에서 예술의 모든 동향이 종합적으로 발견되기도 하고, 또 과거의 모든 동향에 대한 반대의 흐름이 발견되기도 한다는 의미이다.

9 Matthew Barney(1967-): 미국 현대 미술가이자 조각, 영화, 사진, 드로잉 분야에서 활동하는 설치미술가이다. 그의 작품은 지리학, 생물학, 지질학, 신화의 연결뿐만 아니라 갈등과 실패의 주제를 탐구한다.

10 Damien Hirst(1965-): 영국의 현대 예술가로 죽음과 부패를 표현한 포름알데히드 작품 등

194

으로 널리 알려져 있으며, 상업적으로 가장 성공한 영국 현대 예술가이다.

11 Takashi Murakami(村上隆, 1962-): 일본의 현대 미술가, 팝아티스트이다.

12 Anish Kapoor(1954-): 인도에서 태어난 영국 조각가로, 포스트미니멀리즘, 신표현주의 경향의 작품을 발표하고 있다.

13 Hans Haacke(1936-): 독일 태생으로 미국에서 활동 중인 개념미술가이다.

14 Pierre Bourdieu(1930-2002): 프랑스의 사회학자로, 사회학을 '구조와 기능의 차원에서 기술하는 학문'으로 파악했으며, 신자유주의를 비판했다.

15 프랑스의 쇠유(Seuil) 출판사에서 1994년 간행한 『자유로운 대화 *Libre-Echange*』를 가리킨다.

16 원래 들뢰즈가 주장하는 유목주의(noma-disme) 또는 노마디즘을 실천하는 자들이라는 의미이다. 들뢰즈에 의하면 유목주의란 기존의 가치나 철학을 부정하고 새로운 것을 끊임없이 찾는 것, 곧 탈주선을 내면서 새로운 것을 생성하는 것을 뜻하며, 학문적으로는 여러 분야를 넘나들며 탐구하는 것을 뜻한다. 이 개념은 철학뿐만 아니라 현대사회 문화와 심리현상, 수학, 경제학, 신화학 등에도 적용된다. 여기에서는 한 장소에 머물러 있는 자들, 이른바 정착적 주체들과는 달리 글로벌리즘적 이데올로기와 자본을 따라 세계의 모든 곳을 자유롭게 이동할 수 있는 자들이라는 의미이다.

17 예술 작품의 미적 가치가 양적으로 평가될 수 없음에도 불구하고 시장에서는 그 가치가 직접적이고 공개적인 방식, 즉 화폐로 환산되어 표시되며, 또한 투자의 대상이 된다는 의미이다.

18 franchouillards: 구어나 경멸의 의미의 표현으로 결점의 측면에서 평균적인 '프랑스인다운'

의 의미이다.

19 '포스트모던적 야만인들(barbares post-modernes)'이라는 말은 세계화를 표방하고 지지하면서 모든 것을 상품화할 수 있다는 생각을 가진 자들, 모든 것을 자본이라는 기준으로 획일적으로 평가할 수 있다고 믿는 자들, 거기에 편승하는 예술가들, 그들을 이용해 높은 수익을 얻고자 하는 모든 사람들을 가리킨다.

20 트랜스휴머니즘(transhumanisme): 초인본주의 혹은 초인간주의라고도 한다. 과학기술을 이용해 인간의 정신적, 육체적 성질 및 능력을 개선하기 위한 지적, 문화적 운동을 가리킨다. 트랜스휴머니스트들은 인간의 장애, 고통, 질병, 노화, 죽음 등을 바람직하지 않고 불필요한 조건들로 규정하면서 이런 조건들을 생명공학, 유전공학, 사이버네틱스, 나노과학 등과 같은 새로운 기술이 해결해 줄 것으로 기대한다. 이런 이유로 트랜스휴머니즘은 인간에 유익할 수도 있고 위협이 될 수도 있다.

21 spectacle: '보다'를 의미하는 라틴어 'spect-are'에서 비롯된 'spectaculum'을 반영한 고대 프랑스어 'spectacle'에서 온 단어로, 14세기경 "특별하게 준비되거나 배치된 화면"을 의미하는 단어로 사용되었다. 영화나 연극에서 "웅장하고 화려한 장면"의 의미를 가진 이 단어는 현재 인위적으로 연출된 "새로운 볼거리" 정도의 의미로 사용되며, 현재는 '스펙터클의 사회'라는 표현에 이런 의미가 포함되어 있다. '스펙터클'이라는 단어는 주로 소비자 사회라는 개념에서 권력이 구사하는 모든 제도적, 기술적 수단과 방법들이라는 뜻으로 광범위하게 사용되고 있다. 이런 관점에서 스펙터클은 거짓 화해와 탈정치화의 수단으로 사회적 주체를 마비시키는 주요 기제(機制)이며, 스펙터클 사회는 문화적 기제를 통해 이를 확대시킨다.

22 예술가가 문제작을 발표하고, 이를 미디어 망을 통해 단시간에 전 세계에 퍼지게 하는 것을 의미한다. 저자는 이를 곧이어 '미디어 쿠데타'로 규정하고 있다.

23 Maurizio Cattelan(1960-): 이탈리아 예술가로, 초현실적인 조각과 설치로 주로 알려져 있다.

24 le doigt d'honneur: 직역을 하면 '가운뎃손가락'이다. 하지만 서양에서 '가운뎃손가락'은 욕설에 가깝다. 카텔란이 전시한 이 작품도 증권거래소로 대표되는 자본주의에 대한 비판의 의미를 담고 있을 수도 있다.

25 Paul McCarthy(1945-): 미국의 행위예술가이다.

26 Pace Vendôme: 파리 제1구에 있는 광장으로, 루이 14세와 루이 15세 시대부터 있었다. 8각형 모양의 이 광장은 베르사유 궁전의 건축가로 유명한 쥘 아르두앙망사르(Jules Hardouin-Mansart)의 설계로 처음 만들어졌다.

27 Joep van Lieshout(1963-): 네덜란드의 예술가이자 조각가이며, 아틀리에 판리스하우트의 창립자이다.

28 현대 미술 국제박람회(Foire International d'Art Contemporain)의 약자로, 1974년부터 매년 10월 파리에서 열리는 큰 규모의 아트 페어이다. 현대 미술의 트렌드를 이끌어가는 전 세계의 예술가들과 갤러리스트, 수집가, 박물관 관계자 등이 한자리에 모이는 전시회이자 예술 작품을 판매하는 세계 최대 규모의 현대 미술작품 거래 시장이기도 하다.

29 Beaubourg: 파리 4구의 지역 이름으로, 레알과 마레 지구, 퐁피두센터 등이 있다. 일반적으로 퐁피두센터를 가리키기도 한다.

30 Milo Moiré(1983-): 스위스 포르노 영화배우, 개념 예술가, 모델로 누드 공연과 행위예술을 한다.

31 2015년 1월에 파리 소재 프랑스 주간지 『샤를리 에브도 Charlie Hebdo』 본사 공격을 위시해 2016년까지 간헐적으로 자행된 이슬람 무장 세력의 테러를 가리킨다.

32 Philippe Sollers(1936-2023): 프랑스의 작가이자 비평가이다.

33 Pierre Guyotat(1940-2020): 프랑스의 작가로 메디치상을 수상하기도 했다.

34 abracadabra: 마술사와 마법사들이 사용하는 주문으로, 우리말의 '수리수리마수리'에 해당한다고 할 수 있다. 이 말은 아람어 'abra'('이루어지라')와 'cadabra'('내가 말한 대로')에서 나온 것으로, "내가 말한 대로 될지어다"라는 의미를 담고 있다. 여기에서는 여러 색의 튤립이 제프 쿤스의 마술 같은 솜씨로 무지개를 닮게 되었다는 의미이다.

35 전문 감정가들이 어떤 예술가의 작품이 자유의 여신상이나 피카소의 그림을 떠올린다는 구실로 그 작품의 가격을 대폭 올릴 수 있다는 의미이다.

36 arrière-garde: 군에서 후방을 경계하는 부대를 가리키나, 비유적 의미로는 더 이상 새로운 것이 아닌 것으로 간주되는 생각에 집착하는 사람들을 가리킨다. 이들은 비꼬는 의미에서 그들의 지나치게 보수적인 면을 강조하고, 심지어 그들의 신념이 진부하게 되는 것을 강조한다.

37 Montaigne(1533-1592): 프랑스 철학자, 사상가, 수필가로, 주요 저작으로는 『수상록』이 있다.

38 Vittore Carpaccio(1460년경-1527): 이탈리아의 화가로, 베네치아파에 속했으며, 풍부하고 조화가 잘 된 색채와 안정된 공간 감각에 의해 고전적인 화면을 구성했다.

39 우르술라는 라틴어로 '작은 곰'이라는 의미

이다. 영국의 전설 속 인물인 신앙심 깊은 공주로, 1만 1천 명의 시녀를 데리고 로마로 성지 순례를 갔다가 돌아오던 중 쾰른에서 훈족을 만나 시녀들과 함께 모두 살해되었다는 이야기가 전한다. 10월 21일이 축일이다. 성녀 우르술라와 그녀를 따른 처녀들에 관한 전설은 10세기에 기록된 성인전에서 유래하는데, 이 성인전은 6세기에 독일 쾰른의 고대 그리스도인들의 묘지에서 젊은 여인들의 유골이 발견된 것에 바탕을 두고 있다. 발견된 비문에는 열한 살 난 여자아이 우르술라의 이름이 기록되어 있었다. 이 묘비에 대한 해석이 와전되어 그녀가 11,000명의 처녀들과 함께 순교했다는 전설이 생겨났다.

40　옹프레는 칸트의 『판단력 비판』에서 읽을 수 있는 "아름다움은 개념 없이 보편적으로 기쁘게 하는 것"이라는 주장을 반박하면서 "아름다움은 개념과 더불어 개별적으로 기쁘게 하는 것"이라고 주장한다. 여기에서 개념이란 옹프레가 이 책의 처음부터 끝까지 강조하고 있는 예술이 전하고자 하는 의미, 의미작용, 메시지와 무관하지 않다. 이 부분에서 옹프레가 말하고자 하는 바는, 카르파초의 〈성녀 우르술라의 전설〉과 푸생의 〈사발을 버리는 디오게네스〉에 등장하는 게르만족의 하나인 훈족과 디오게네스로 하여금 사발을 버리도록 마음먹게 한 어린 소년, 그러니까 손으로 물을 떠 마시면서 디오게네스보다 더 소박하고 더 자연에 가까운 삶을 영위하는 소년이 단지 두 화가의 상상 속의 사람들이 아니라 이미 그 당시에 익숙한 사람들이었고, 또 후일 몽테뉴나 루소는 이런 사람들의 모습에 바탕을 두고 각자 '식인종'이나 '착한 미개인' 개념을 제시했다는 것을 보여 주는 것이라고 할 수 있다. 실제로 몽테뉴의 경우나 루소의 경우에 신대륙이나 남아메리카, 아프리카 등에 가보지도 않았고, 또 거기에 사는 사람들을 직접 보지

도 않고 그들을 '식인종'이나 '착한 미개인'으로 불렀다. 물론 몽테뉴와 루소는 '식인종'이나 '착한 미개인'도 인간이며, 따라서 차별해서는 안 된다는 점을 강조하고 있기는 하지만 말이다. 하지만 『오리엔탈리즘』의 저자인 E. 사이드는 이런 개념들을 서양, 특히 두 작가가 활동했던 시기의 유럽의 동양에 대한 왜곡된 이미지로 해석하면서 비판하고 있기도 하다.

41　D'art d'art: 2002년부터 2018년까지 프랑스 텔레비전 채널 프랑스2(France 2)에서 방영된 조형예술에 할애된 방송 프로그램이다. '예술에 관한 기술에 관하여'라고 직역할 수 있는 제목은 '예술 작품을 감상하는 기술에 관하여'라는 의미이다.

42　1947년에 창간된 프랑스 주간 문화 잡지이다.

43　프랑스 공영 라디오 방송 '라디오 프랑스(Radio France)'의 종합 채널로, 뉴스와 오락, 음악 프로그램을 적절히 섞어서 방송하고 있다. 1947년 제2차 세계대전 종전 후 국가 방송 체제를 개편하는 과정에서 '파리 앵테르'로 시작했다.

결론

1　Vladimir Veličković(1935-2019): 세르비아 출신의 화가로, 프랑스에서 활동했다. 조각난 파편이나 덩어리로 존재하는 살을 그리는데, 이렇듯 조각난 파편으로, 덩어리로, 부분으로 존재하는 몸의 표현은 숭고미와 비장미, 혹은 비극적 감회의 연장선에 있으며, 그 생생한 표현으로 인해 살해 욕구 내지는 성적 욕구와 강하게 연결되어 있는 것으로 여겨진다. 그의 작품에는 인간의 살풍경한 존재를 직면케 하는 강도가 있다.

2　Gérard Garouste(1946-): 프랑스의 현대 예술가로 비주얼 아트 및 행위예술로 유명하다.

3   Ben(1935-): 본명은 벵자맹 보티에(Benjamin Vautier)이다. 플럭서스 그룹에 속한 스위스 출신의 화가로 프랑스에서 활동하고 있다. 행위·설치 예술과 문자, 철자, 글자를 이용하는 레트리즘(lettrisme)으로 유명하다.

4   Jacques Pasquier(1932-): 프랑스의 화가, 조각가로, 특히 구운 흙을 이용한 작품이 많다.

5   Orne: 프랑스 북서부에 위치한 주의 이름이다.

6   Argentan: 오른주에 위치한 소도시이다.

7   Philippe Cognée(1957-): 프랑스의 시각예술가이다.

8   Orlan(1947-): 본명은 미레유 포르트(Mireille Porte)로, 프랑스의 신체·설치 예술가이며, 인공지능, 로봇 등의 다양한 현대 기술을 예술에 접목하고 있다.

9   Wim Delvoye(1965-): 벨기에의 신개념미술(Neo Conceptualism) 작가로, 특히 돼지 피부에 여러 가지 문양을 새긴 타투(Tatoo) 작업으로 유명하다.

10   Panamarenko(1940-2019): 본명은 앙리 반 에르베젠(Henri Van Herwegen)으로, 벨기에 출신의 예술가이며, 특히 비행기를 주제로 한 작품으로 유명하다.

11   Rúrí(1951-): 아이슬란드의 현대 예술가로, 개념미술, 미니멀아트, 뉴미디어, 설치미술 등의 분야에서 활동하고 있으며, 특히 환경보호와 관련된 작품을 제작하고 있다.

12   Willy Ronis(1910-2009): 프랑스의 사진작가로, 자신을 '일상의 사진작가'라고 불렀다.

13   Bettina Rheims(1952-): 프랑스의 사진작가로, 초상화 작가로 유명하다.

14   Ariane Lopez-Huici(1945-): 프랑스의 사진작가로, 뉴욕과 파리를 오가며 작품 생활을 하고 있다. 기존의 미적 가치를 전복시키는 반사진이나 메타사진 등으로 유명하다.

15   Gilles Berquet(1956-): 프랑스의 사진작가로, 여성의 에로틱한 사진의 고귀함을 잘 드러낸다는 평가를 받고 있다.

16   1972년 12월-1973년 1월에 창간호를 낸 국제 월간 현대 예술 잡지로, 사용되는 언어는 불어와 영어이다.

17   1983년에 창간된 프랑스의 미술 잡지이다.

18   Fondation Cartier pour l'art contemporain: 보석과 피혁 등으로 유명한 브랜드인 카르티에사가 1984년에 설립한 현대 예술 재단 미술관으로, 파리 14구 라스파이 대로에 있다.

19   CAPC musée d'art contemporain de Bordeaux(이전의 현대조형예술센터(CAPC: Center d'arts plastiques contemporains)): 프랑스의 남부에 위치한 보르도에 1973년 설립된 현대미술관이다.

20   Sophie Couderc: 프랑스의 예술 관련 전문 출판인이다.

21   Bouquins-Laffont: 프랑스의 유력 출판사 중 하나인 로베르 라퐁(Robert Laffont)에서 출간되는 '부캥(Bouquins)'('책'이라는 의미이다) 총서를 가리킨다.

22   Pascal Dusapin(1955-): 프랑스의 작곡가이다.

23   Éric Tanguy(1968-): 프랑스의 작곡가이다.

24   Frédéric Beigbeder(1965-): 프랑스의 작가, 문학비평가이다. 2009년 르노도(Renaudot)상을 받기도 했다.

25   Michel Houellebecq(1958-): 현대 프랑스 문단에서 가장 주목받는 작가 중 한 명으로, 현재 아일랜드에 살고 있다.

26 Joan Fontcuberta(1955-): 스페인의 예술가로, 스스로 "사진을 이용하는 개념예술가"로 여기고 있다.

27 Karl Blossfeldt(1865-1932): 독일의 사진가, 조각가, 예술가로, 식물과 생물의 클로즈업 사진으로 유명하다.

28 Ivan Istochnikov: 러시아의 유령 우주인의 이름이다. 소유즈 3호의 도킹 대상이었던 무인 우주선 소유즈 2호에서 실종된 것으로 보고되었다. 실제로 조안 폰트쿠베르타의 정교한 작업으로 인해 사람들은 그를 실존 인물로 여겼다.

29 Digne-les-Bains: 프랑스의 남부지방인 알프드오트프로방스(Alpes-de-Haute-Provence)주 소재 도시의 이름이다.

30 1950년대에 장 폰타나 신부가 히드로피테쿠스의 화석을 발견했다는 것은 조안 폰트베르쿠나가 지어낸 것이다. 그러니까 그의 작품은 허위에 바탕을 둔 것이다.

31 Fra Angelico(1390/95-1455): 이탈리아 르네상스 시대의 화가이다. 본명은 귀도 디 피에로(Guido di Piero)이다. 이 헌신적인 수도사는 기도를 하지 않으면 붓을 들지 않았고, 십자가상의 그리스도를 그릴 때면 언제나 볼에 눈물이 흘렀다고 전해진다. "천사와 같은 수도사(Fra Angelico)"라는 말은 당시 수도사들이 그에 대해 한 경의의 표현이었고, 오늘날도 여전히 그렇게 불린다.

32 Nelson Goodman(1906-1998): 미국의 철학자로, 형이상학, 인식론, 언어철학, 과학철학, 미학 등 광범위한 분야에 대한 연구로 널리 알려져 있다.

33 BC 7세기나 BC 6세기 크노소스 혹은 파이스토스 출신의 예언자이자 철학자, 시인인 에피메니데스의 역설은 다음과 같은 추론에 따라 모순에 봉착한다.

에피메니데스는 '모든 크레타인은 거짓말쟁이'라고 주장했다.

그의 주장이 맞다고 전제한다면, 모든 크레타인은 거짓말쟁이이다.

그런데 에피메니데스는 크레타인이다.

고로 에피메니데스는 거짓말쟁이다.

거짓말쟁이의 말은 거짓말이므로, 에피메니데스의 말은 거짓말이다.

에피메니데스의 말이 거짓말이므로, 어떤 크레타인은 거짓말쟁이가 아니다.

34 Rue 89: 프랑스의 일간지 중 하나인 『리베라시옹 *Libération*』지의 전(前) 언론인들에 의해 시작된 프랑스 뉴스 웹사이트로, 2007년 프랑스 대통령 선거 2차 투표일인 5월 6일에 공식 출범했다.

저작권

앞표지：Œuvre © Maurizio Cattelan, by courtesy of the artist and Marian Goodman Gallery ‒ photo © Attilio Maranzano；뒤표지(위 인물 사진)：photo © Philip Conrad；p. 6：Œuvre © Marcel Duchamp/Association Marcel Duchamp/Adagp, Paris, 2021 ‒ Photo © Luisa Ricciarini/Leemage；p. 7：© photo Josse/Leemage/Succession Picasso, 2021；pp. 8, 9, 40：akg-images/Erich Lessing；p. 10：© Bridgeman Images；p. 11 (위)：© Granger collection/Bridgeman images；p. 11 (아래)：© Jean Bernard/Leemage；p. 12：© Jean Bernard/Leemage；p. 13：© Aisa/Leemage；p. 14 (위)：© Werner Forman/UIG/Leemage；p. 14 (아래)：© Luisa Ricciarini/Leemage；p. 15：© Nigel Hicks/Dorling Kindersley/UIG/Leemage；pp. 16-17：© Aisa/Leemage；p. 18：© Luisa Ricciarini/Leemage；p. 19：© Salmakis/Leemage；p. 20：© Photo Josse/Leemage；p. 21：Photo © BnF, Dist. RMN-Grand Palais/image BnF；p. 22：Photo © RMN-Grand Palais (musée du Louvre)/ René-Gabriel Ojeda；p. 23：© PrismaArchivo/Leemage；p. 24：© Luisa Ricciarini/Leemage；pp. 25, 27：Photo © RMN-Grand Palais (musée du Louvre)/Hervé Lewandowski；p. 26：© Raffael/Leemage；pp. 29, 30, 36 (왼쪽)：© Luisa Ricciarini/Leemage；p. 32：© Bridgeman Images；p. 33：© FineArtImages/Leemage；p. 35：© Electa/Leemage；p. 36 (오른쪽)：© The British Library/ Leemage；p. 37：© Bridgeman Images/Leemage；pp. 39, 45, 46-47, 48-49, 50-51, 56：Photo Josse/Leemage；p. 53：© akg-images；p. 54：© akg-images/Erich Lessing；p. 55：© Granger collection/Bridgeman images；p. 57：© FineArtImages/Leemage；p. 58：Photo © Tate, Londres, Dist. RMN-Grand Palais/Tate Photography；p. 59：Photo © Musée d'Orsay, Dist. RMN-Grand Palais/Patrice Schmidt；p. 60：© akg-images；p. 61：© photo © Anne Day/Hill-Stead Museum；pp. 62-63：Photo © RMN-Grand Palais/image RMN-GP；p. 65：© akg-images/Imagno/Austrian Archives；pp. 66-67：© FineArtImages/Leemage；p. 67 (위), 78 (아래)：© Heritage Images/Fine Art Images/akg-images；pp. 68-69：© akg-images/ullstein bild/Heinrich Hoffmann；p. 70：© akg-images；pp. 71, 72：© akg-images/ ullstein Bild；p. 73：Photo © BPK, Berlin, Dist. RMN-Grand Palais/image BPK；pp. 74-75, 76-77, 78-79, 80-81, 82-83：© akg-images；p. 85：© PVDE/Bridgeman images；p. 86：Digital Image © 2021 Museum Associates/LACMA. Licenciée par Dist. RMN-Grand Palais/ image LACMA；p. 87：© DR；p. 88：Photo © musée du quai Branly ‒ Jacques Chirac, Dist. RMN-Grand Palais/Patrick Gries/Valérie Torre；p. 89：Photo © Centre Pompidou, MNAM-CCI, Dist. RMN-Grand Palais/Philippe Migeat；p. 90：DR/Collection Particulière © Succession H. Matisse, 2021；p. 91：Photo © RMN-Grand Palais (Musée national Picasso-Paris)/image RMN-GP；p. 92：© RMN-Grand Palais (Musée national Picasso-Paris)/image RMN-GP/© Succession Picasso, 2021；p. 93：Photo © musée du quai Branly ‒ Jacques Chirac, Dist. RMN-Grand Palais/Claude Germain；p. 95：Photo © Centre Pompidou, MNAM-CCI Bibliothèque Kandinsky, Dist. RMN-Grand Palais/Fonds Destribats；pp. 96-97：Photo © Centre Pompidou, MNAM-CCI Bibliothèque Kandinsky, Dist. RMN-Grand Palais/ image de la Bibliothèque Kandinsky；p. 99：Photo © BPK, Berlin, Dist. RMN-Grand Palais/image BPK；pp. 100-101：© akg-images/ Album；pp. 102-103：© akg-images/Album/Goskino；pp. 104-105：© akg-images/ullstein bild；p. 106：© akg-images；p. 107：Œuvre © Otto Dix/Adagp, Paris, 2021 ‒ Photo © akg-images；pp. 108-109：Œuvre © George Grosz/The estate of George Grosz, Princeton, N.J./ Adagp, Paris, 2021 ‒ Photo © akg-images；p. 110：© David Tudor/Getty Research Institut, Los Angeles；p. 111：Œuvre © Otto Muehl/ Adagp, Paris, 2021 ‒ Photo © akg-images/Imagno ‒；p. 113：Œuvre © Kandinsky/Adagp, Paris, 2021 ‒ Photo © akg-images；pp. 115：Œuvre © Dora Maar/Adagp, Paris, 2021 ‒ Photo © Centre Pompidou, MNAM-CCI, Dist. RMN-Grand Palais/Philippe Migeat；pp. 116-117：Œuvre © Pierre Soulages/Adagp, Paris, 2021 ‒ Photo © Centre Pompidou, MNAM-CCI, Dist. RMN-Grand Palais/Philippe Migeat；p. 118：Œuvre © Georges Mathieu/Adagp, Paris, 2021 ‒ Photo © Bridgeman Images；pp. 120-121：Œuvre © Hans Hartung/ Adagp, Paris, 2021 ‒ Photo © akg/van Ham/Saša Fuis, Köln；pp. 122-123：Œuvre © Pierre Soulages/Adagp, Paris, 2021 ‒ Photo © Paris Musées, musée d'Art moderne, Dist. RMN-Grand Palais/image ville de Paris；p. 125：Œuvre © Marcel Duchamp/Association Marcel Duchamp/Adagp, Paris, 2021 ‒ Photo © Centre Pompidou, MNAM-CCI, Dist. RMN-Grand Palais/Philippe Migeat；p. 126：Œuvre © Marcel Duchamp/Association Marcel Duchamp/Adagp, Paris, 2021 ‒ Photo © Luisa Ricciarini/Leemage；p. 129：Œuvre © Marcel Duchamp/Association Marcel Duchamp/Adagp, Paris, 2021 ‒ Photo © Centre Pompidou, MNAM-CCI, Dist. RMN-Grand Palais/Audrey Laurent；p. 130：Œuvre © Pietro Manzoni/Adagp, Paris, 2021 ‒ Photo © Luisa Ricciarini/Leemage；p. 131：Œuvre © Michel Journiac/ Adagp, Paris, 2021 ‒ Photo © Centre Pompidou, MNAM-CCI, Dist. RMN-Grand Palais/Service audiovisuel du Centre Pompidou；pp. 132-133：Œuvre © Daniel Spoerri/Adagp, Paris, 2021 ‒ Photo © Centre Pompidou, MNAM-CCI, Dist. RMN-Grand Palais/Philippe Migeat；pp. 134-135：Œuvre © Man Ray/Man Ray 2015 Trust/Adagp, Paris, 2021 ‒ Photo © Centre Pompidou, MNAM-CCI, Dist. RMN-Grand Palais/Philippe Migeat；p. 136：Œuvre © Gina Pane/Adagp, Paris, 2021 ‒ Photo © Centre Pompidou, MNAM-CCI, Dist. RMN-Grand Palais/Georges Meguerditchian；p. 139：© Aisa/Leemage/Succession Picasso, 2021；p. 140：Œuvre © Marcel Duchamp/ Association Marcel Duchamp/Adagp, Paris, 2021 ‒ Photo © Luisa Ricciarini/Leemage；p. 141：Œuvre © Giorgio di Chirico/Adagp, Paris, 2021 ‒ Photo © Digital image, The Museum of Modern Art, New York/Scala, Florence；pp. 142-143：Œuvre © Fernand Léger/Adagp, Paris, 2021 ‒ Photo © Artothek/La Collection；p. 144：© Digital image, The Museum of Modern Art, New York/Scala, Florence © Succession H. Matisse, 2021；p. 145：© Courtauld Gallery/Bridgeman Images；pp. 146-147：Œuvre © Gilles Aillaud, Edouardo Arroyo, Antonio Recalcati, Gérard Fromanger, Francis Biras, Fabio Rieti [Adagp, Paris, 2021 pour Gilles Aillaud, Antonio Recalcati, Fabio Rieti] ‒ Photo © Archivo Fotográfico Museo Nacional Centro de Arte Reina Sofía；p. 148：Œuvre © Marcel Duchamp/Association Marcel Duchamp/ Adagp, Paris, 2021 ‒ Photo © Luisa Ricciarini/Leemage；pp. 152-153：Œuvre © Hans Haacke/Adagp, Paris ‒ Photo © akg-images/ Niklaus Stauss；p. 157：Œuvre © Maurizio Cattelan, by courtesy of the artist ‒ Photo © akg/viennaslide/Harald A. Jahn；pp. 160-161：© Electa/Leemage；pp. 162-163：© Photo Josse/Leemage；p. 165：Œuvre © Robert Combas/Adagp, Paris, 2021 ‒ Photo © Tristan Jeanne-Vales/ArtComPress via Leemage；pp. 167, 168, 169, 170, 171, 173, 174：© Joan Fontcuberta/Adagp, Paris, 2021, by courtesy of the artist.